魂《あなた》の音が聴こえる
ソウルサウンドライアーの響き

アンドレアス・レーマン
Andreas Lehmann〔cooperation〕
桐野伴秋
Kirino Tomoaki〔photograph/sound cooperation〕
アカシャ
Akasha〔produce/writing/sound〕

ヒカルランド

魂《あなた》の音が聴こえる

～ソウルサウンドライアーの響き～

Photo by KIRINO TOMOAKI

どうしてこんなに
ソウルサウンドライアーの音に魅了されるのでしょう。

それは、自由だから
何のきまりもなく
何年も練習して上手くなる必要もなく

その瞬間の音を
そのまま楽しめるからかもしれません。

そして、その、からだに響く
倍音の響きから
宇宙につながることができるからかもしれません。

その宇宙は、どこか遠いところにあるのではなくて自分の内奥にみつかります。
そこから
果てしなく広大な世界に導かれていきます。

ソウルサウンドライアーの音の響きは
ほんの一瞬で
無限の世界に誘ってくれるのです。

でも、そこに、どれだけ留まっていられるのかは
人それぞれに違います。
すぐに、思考の世界に舞い戻ってしまう人もいれば
しばらく、無我の境地に身を委ねられる場合もあります。

私も、もちろん、いったりきたりを繰り返しています。

例えば、日常生活で

何か、驚くような出来事があった場合
心は揺れて、乱れます。
その揺れは、まるで、指が触れた弦が
振動しているようなものです。

刺激が強いと、弦は大きく揺れます。
揺れが収束するまでには、しばらく時間を要します。
だんだん揺れ幅が小さくなり
やがては静止しているかのような、微細な振動になります。

心の変化も、この揺れのようなものだと思います。
外からの働きかけによって
大きく揺れることがあったとしても、やがては収まっていく。

そして、だんだんと
外側の世界の出来事に左右されなくなっていきます。

外が騒がしくても
内側は、穏やかなままでいられるようになるのです。

外の出来事が
実は、自分の内側には、何ら影響を及ぼさないと
俯瞰していられるようにもなります。

私にとって、ライアーの音は
それを教えてくれる最強のツールなのです。

たとえ心が乱れても
外界から、どんな影響を受けても
ライアーの音の響きに身を委ねることで
心に平安がもたらされます。
音の世界の中で
自分の内側は、愛と平安に満たされていきます。

私が自分に責任を持ってできること
それは、私自身を幸せにすることにつきます。
ただ、それだけです。

でも、もしいま、この瞬間に
私が愛と平安に包まれて幸せでいられたら
周りの方に伝わるものも、愛と平安です。

ひとりひとりが、愛と平安に包まれていたら
世界は、愛と平安で満たされていきます。

自分が、自分の幸せに責任を持つだけで
世界中が、いまこの瞬間に幸せになるはずなのです。

ライアーの音の響きの中にいると
それは、夢ではないと思えます。

そして、その平安が永遠に続くとさえ思えるのです。

あなたの内側で響いている
最初からそこにある
魂《あなた》の音が、聴こえますか？

永遠《とわ》のうたが聴こえていますか？
響いていますか？

あなたに、それがいまこの瞬間
響いていることを伝えたい。

魂の音
永遠のうたが
あなたに聴こえますように。

耳には聴こえていないけれど、
存在している音の響きの世界にようこそ。

まずは、次のページの写真を感じてみましょう。
何か伝わってきますか？　音が聴こえますか？
聴こえてこなくても、少し想像してみてください。
ご自身の感覚を味わったら、写真ページの下方にある
ＱＲコードの音源を、どうぞご試聴ください。
私が感じた音をライアーで表現したものがお聴きになれます。

感じる音の可能性は無限大です。
そこには、正解も間違いもありません。
自由にいろんな感覚を研ぎ澄ませてください。

写真集『地球 美の幻風景』より　宇宙《そら》との対話

写真集『地球 美の幻風景』より　花宇宙

写真集『地球 美の幻風景』より　虹の大地

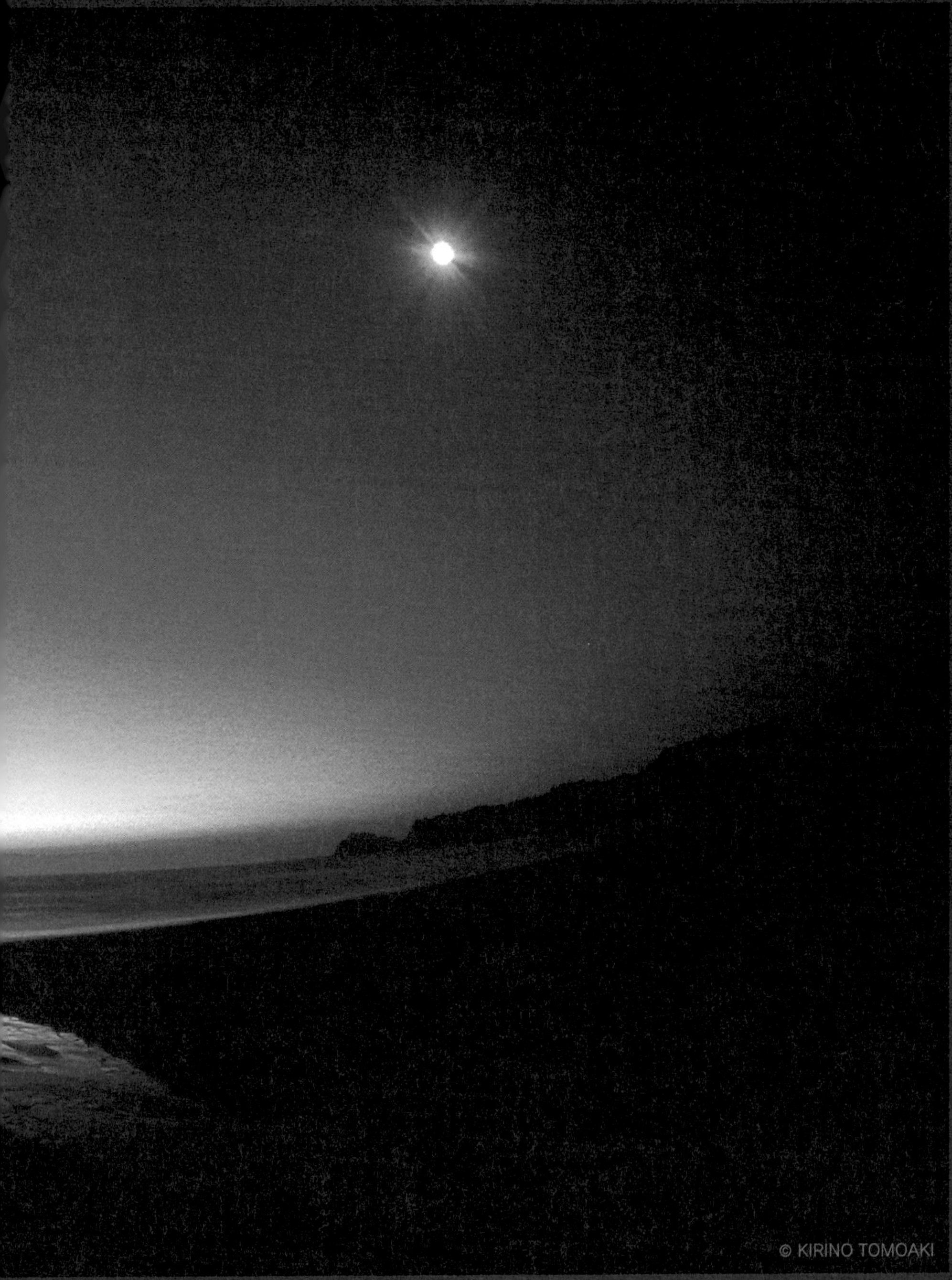

写真集『地球 美の幻風景』より　宇宙《そら》の扉

写真集『地球 美の幻風景』より　春物語

はじめに

この十数年間に
数えきれない方々の頭上や、からだの上で
ソウルサウンドライアーを奏でさせていただく機会がありました。

空間に響く、耳から聴こえる音と
からだを通して感じられる音の違いに
驚かない人は、誰一人いませんでした。

耳が聴こえない方にも
音を感じていただくことができました。

緊張していた方の手の震えが次第に収まり

眠りに落ちることも、たびたびでした。

「これは魔法ですか」と、ご家族に聞かれました。

音の体験の前と後では
表情や、様子が全く変わっていかれるのを
見せていただきました。

音は水中では、4、5倍速く伝わるといいます。
人のからだの細胞は、ほとんどが水ですから
音は、細胞の水を、ものすごいスピードで振動させるのでしょう。
不調和を、調和の振動に変化させるのでしょう。

そして、耳には聴こえていない
可聴域を超えるライアーの倍音には
癒しの力があるのかもしれません。

10年ほど前に、海外の研究機関に依頼して
タオライアーの倍音の影響力について
他の楽器とも比較して、調べる試みをしたことがありました。
その結果は、残念なことに、世に出ることはありませんでした。
効果がありすぎたのです。

いま、ようやく時が来て、大いなるものの計らいにより
このような出版という形で
ソウルサウンドライアーのこと
音の響きの持つ力のことを
多くの方に知っていただく機会が得られたことを
心より感謝しています。

この本は、奇跡的な出会いが重なり、形になりました。

「花宇宙」と題された一枚の写真から

タオライアーの音が、はっきりと聴こえてきたのです。
写真から音が聴こえるのは、初めての体験でした。
その写真は、写真作家、桐野伴秋氏の作品でした。
桐野氏が切り取る一瞬には、
その瞬間の音が宿っているようです。

みなさんにも、そんな音が聴こえるでしょうか?
響いているけれど、耳には聴こえない音に
耳を傾けてみませんか。
からだに響く音に意識を向けてみませんか。
そして、ライアーの音を聴いてみてください。

この本が、みなさんが、聴こえていない音に耳を澄ます
きっかけになれば、嬉しく思います。

アカシャ

魂の音が聴こえる　目次

ソウルサウンドライアーの種類

ヒカルランド社長　石井健資氏と
アンドレアス・レーマン氏のZoom対談

ライアーの歴史　

ソウルサウンドライアーと共に歩んで　オーナーさんの体験談

ソウルサウンドライアーとの旅　アカシャ

カバーデザイン　三瓶可南子

ソウルサウンドライアーとは
どんな楽器!?

ソウルサウンドライアーは、ドイツ南部のボーデン湖にほど近い村で、ライアー工房を営む、アンドレアス・レーマンが、およそ30年前に生み出した楽器です。２００９年の初めに、私の元に、日本で最初の1台となる、タオライアーがやってきました。

ライアーは、シュタイナー教育の思想から、子どもたちが静けさに耳を傾けるように１００年ほど前に考案されました。ドイツでは、治療目的に使われることのほうが主体でしたが、日本ではアニメーションの『千と千尋の神隠し』の主題歌の伴奏に用いられたことをきっかけに、演奏楽器として一般に知られるようになりました。

振動を伝える楽器

ソウルサウンドライアーが、演奏用のライアーや、他の楽器と大きく違うのは、まず、音をからだに響かせることを主目的としていることです。そのために、共鳴用の空間を持たない構造になっています。共鳴箱がないので、スチール弦の振動が、土台である木を通じて、からだに永続的に響きます。

耳で聴いている音と、からだからの振動を通して聴こえる音は全く違います。この感覚は、実際に体験していただかないと言葉で説明することは不可能です。体験された方は、その違いに驚かれます。そして耳が聴こえない方にも、振動で音を感じていただくことが可能です。

また、一度その音をからだで感じると、楽器がからだに触れていなくても、同じ空間で音が鳴っているだけで、共鳴反応が起き、音の響きが感じられます。その持続力がどのぐらいあるのかは、残念ながら、まだ計測したことがないのでわかりません。

音を通じたワンネスの世界

人と人が手をつないだり、ハグをすると、エネルギーの交流が起こります。２台のソウルサウンドライアーを向かい合わせに置いて、二人で奏でたり、複数のソウルサウンドライアーを環につなげて奏でたりすると、お互いの音が交流します。自分のライアーの音と、相手の音が、ライアーの木の部分を伝って流れ、混ざり合います。その音は、お互いのからだの中にも流れていきます。自分と相手の境界がなくなります。自分が溶けてなくなる、ワンネスの体験です。

自分の思考とは、全く別な、圧倒的な世界がそこにあります。

ライアーの環の中央にできる空間に入るのは、至福の体験です。ドームの中にいるかのように、音が響きます。音のシャワーという表現が陳腐に聴こえます。足元から上昇するエネルギーを感じる方もいれば、上から降り注がれるエネルギーを感じる方もいて、さまざまです。

阿蘇中岳を望む祈りの環

Photo by KIRINO TOMOAKI

自然と溶け合う

ソウルサウンドライアーの一つの音は、基本的には3本ずつの複数弦で構成されています。そのため、一音が一本のライアーの音に比べ、倍音が共鳴して、空間にも豊かな音が響きます。たった一音で、空間のエネルギーが変わることもあります。奏でていると、風が起きたり、鳥が飛来して旋回したり、虹が出たりします。自然や、動物たちが、人間の耳には聴こえない音にも敏感に反応しているのがわかります。だからこそ、音を奏でるときには、常に、自分を通じて存在する音に対して、意識的でありたいと思います。

自分のからだと耳をライアーに密着させて、音を奏でてみましょう。弦の振動が、からだに伝わってきます。そのまま、森の木にライアーを付けて奏でると、ライアーの振動が木に伝わり、ライアーを通じて木の振動が自分にも響いてきます。音の循環です。木の根を通じてどこまでも地中深くまで潜り、枝葉を通じて、空中まで広がっていくような体験になるかもしれません。

曲は弾けない楽器

ソウルサウンドライアーは、メロディーや音階を気にせずに、自由に奏でることができます。楽譜も要りませんし、曲を覚える必要もありません。あらかじめ、調和を生み出す音の配列に調弦しますので、どのタイミングで、どの弦に触れても間違いがなく、安心して、音の世界に遊ぶことができます。逆に、この楽器で曲を演奏することは、不可能ではありませんが、適してはいません。

片手で奏でる場合は、どの音を奏でても、不協和音にはなりません。ただし、ライアーの種類によっては、両手で同時に複数個所の弦を奏でると、音に繊細な方の耳には、不協和音に聴こえる組み合わせになる場合もあります。

ソウルサウンドライアーは、同じ種類のライアーを、同じ音に調律している場合、事前の打ち合わせや練習などなしに、その場で一緒に響きあうことが可能です。ただし、心地よく響きあうために、相手や周囲の音に耳を澄ませることは大切です。

Photo by KIRINO TOMOAKI

自分で楽器を生む

ソウルサウンドライアーは、全て手作りです。自分の手でつくることができます。材には、ドイツとフランスの国境辺りの樹齢70年以上の森の木が使われています。サクラ、カエデ、トネリコの木の命が、楽器になって、再び生まれてきます。

木が呼吸するように、表面は研磨せず、手で彫ります。そして、サンダルウッドやローズマリーなどの樹液や、プロポリスなど数十種類にも及ぶ天然成分由来の特製ニスでコーティングします。そして、ピンを打ち、弦を張って完成です。

これらの工程を、講師の指導の下に行い、自分のライアーを自分の手で生み出すことができるのが、ソウルサウンドライアーの醍醐味でもあります。

ライアーに生まれ変わる木には、ライアーになりたいという意思があり、どなたの元に、どんなタイミングで生まれてくるかの約束があるようにさえ感じられます。そんな出会いの瞬間と、ライアー誕生の瞬間を、この10余年にたくさん見せていただきました。

ソウルサウンドライアーを自分で生み出す「ライアー制作ワークショップ」は、創始者のアンドレアス・レーマンの指導の下に、全国各地で開催され、これまでに１０００台以上のライアーが産声を上げました。２０１８年には、アンドレアスから学んだ日本人講師が誕生し、制作指導もできるようになりました。

　現在も、京都府京田辺市にある拠点アカシャをはじめ、ご縁のある土地で、年に数回、10名から15名ぐらいの規模のグループ制作ワークショップを開催しています。その他にも、日本各地の講師が、個人または少人数のグループによる制作ワークショップを行っています。ライアーを生み出すのに必要な日数は、ライアーの大きさによって異なりますが、およそ2日から4日が作業時間です。最後の１日に、調弦や奏で方を学んだり、一緒に生んだ仲間と奏であう体験をして幕を閉じます。

　自分で生み出せない方のためには、ドイツのアンドレアスをはじめ、日本の講師や、ライアーをつくるのが大好きな仲間に、代わりに生み出してもらうことができます。オーダー、または代理出産と呼んでいます。完成したライアーがあり、商品として販売されているのではなく、ご依頼をいただいてから、新たな命を生み出し、ご縁をおつなぎしています。私にとって、ライアーは、命のある大切な存在なのです。

アンドレアス認定のライアー制作講師陣

ライアー制作ワークショップ in 屋久　2019.NOV

ソウルサウンドライアーになる木

アンドレアスが、ソウルサウンドライアーに用いる木の種類は、サクラ、トネリコ、カエデの3種類です。ライアーの弦のテンションが強いため、それに耐え得る強度のある広葉樹の中から、長年の経験により厳選されています。

シュタイナーによると、木には、それぞれに共鳴する惑星があります。

サクラは月と共鳴しています。月は水の領域を司りますが、サクラの木は実際に、水分の含有量が多いそうです。からだへの響き方も優しく、その音は、まるで月の光に包まれているかのように感じられます。特に、からだに響かせることを目的にする場合や、対人のヒーリングセッションに用いる場合には、サクラ材が適しているでしょう。私が用いているほとんどのライアーは、サクラ材です。陰陽でいうと陰のエネルギーです。

トネリコは、太陽と共鳴しています。非常にパワフルに響きます。サクラに比べると、肉体に響く音の粒が、大きいように感じられます。空間のエネルギーを、瞬時に変えるような力が感じられます。大勢の前で奏でる場合や、ステージで演奏される方や、場のエネルギーの調整をする方には、トネリコ材が適しています。

カエデは、木星と共鳴していると言われています。木星は光を司ります。キラキラと光が舞うような音が特徴です。ただし、光には、レーザー光線のような鋭さもありますので、奏で方に気をつけて、刺さるような音にならないようにすることが大切です。光を下ろし、光に昇華させる音なので、場の浄化の力も強いと思います。高音域のあるライアーには、キラキラした音のカエデ材もおすすめです。

シュタイナー教育について

シュタイナー教育とは、子ども一人ひとりが最大限に能力を活用できるよう、個性の尊重を重視した教育法です。哲学者であるルドルフ・シュタイナー博士が提唱し、１９１９年にドイツで初めて学校が設立されました。現在では、世界中に約１０００校のシュタイナー学校があり、共通理念のもと、それぞれの国、風土、民族性などに育まれて発展を遂げています。

『喜びを持って生きること』『自ら考え、自分の行動に責任を持ち、社会の力となっていける人』『自分らしく、生き生きと世界に関わっていける人』このように育っていくことを願って、成長段階に応じて、必要なものを育てていきます。

シュタイナーは、子どもの成長をほぼ7年ごとに捉えました。「身体」「心」「頭」を育てる時期に分け、この３つをバランスよく成長させることを大切にしています。

0歳から7歳
意志を育てる時期（身体）　幼児期は、世界は善であるという信頼と喜びに満ち、周囲の大人を内的、外的に模倣しています。身体を動かす遊びなどを取り入れ、健康な身体をつくりあげることを重視しています。

8歳から14歳
感情を育てる時期（心）　児童期には、美しいもの、調和のとれたものに強く心を惹きつけられます。絵画や音楽などの芸術に触れ、感動と共にさまざまな学びを深めます。芸術体験を通して、自らの表現力や創造力を養うことができるような活動が取り入れられています。

14歳から21歳
思考を育てる時期（頭）　青年期には、それまでゆっくりと育まれた強い意志、豊かな感情が生き生きとした真の思考へと変容していきます。「論理的に物事を考える力」「自らの意志で判断し行動する力」など思考力を養うことを重視して教育活動が行われます。
シュタイナー教育では3段階の成長を支える上で、オイリュトミーとフォルメンという教育の柱をもとに活動が行われています。オイリュトミーとは、音楽に合わせて身体を動かし、表現することで他者との調和を大切にした取り組みを行うものです。フォルメンとは直線、曲線、非科学模様などを描くことで芸術的な感性や集中力を養うという取り組みです。

シュタイナーは、自分の欲や利害を超え、本当に大切なこと、自分の成すべきことを選択し実行できる人間を『真に自由な人間』と呼びました。

ライアーは、シュタイナー教育において、心と身体と魂を癒す「治療」を目的とした楽器として考案されました。幼児期には、キンダーハープとよばれるラを中心にレミソラシレミの7弦のペンタトニックで構成されたものを使います。内的な世界がまだ未成熟な段階の子どもには、長調、短調が明確な音楽よりも、より大きなインターバルの5度の雰囲気の音楽世界がふさわしいと考えられているからです。

参考
https://ktsg.jp　ＮＰＯ法人 京田辺シュタイナー学校ホームページ

ソウルサウンドライアーの種類

ソウルサウンドライアーは、音の構成により、次のような7つのグループに分けられます。

ソルフェジオ音階に纏《まつ》わるライアー以外は、432ヘルツを基調に調弦するのが基本です。

1A．タオライアー

テーマ：本当の自分とつながる

タオライアーのタオとは、シュタイナーが伝えたとされる音階の名称です。

シュタイナーがオイリュトミスト[注1]に向けた講演の中で、シからミに下がる音（BE）と、ラからレに下がる音（AD）という5度[注2]の関係性の音には、ヒーリングと瞑想に特化された力があり、それをタオの音階というと語った逸話に基づいて生まれました。

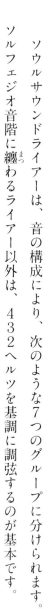

シュタイナーは、シ、ミと素早く奏で、次にラ、レとゆっくり奏でたときの感覚を味わい、表現するように促したそうです。（出典：GA278　スイスのドルナッハにおける1924年2月23日の講義5回目部分より）

魂が地上に下りてくるときの感覚が、この5度の音の感覚であるとも言われています。タオライアーは、これらの4つの音が、高いほうからシラミレ（BAED）の順に4回繰り返されます。一音につき3本ずつ、4オクターブ48本の弦で構成されています。（タオの誕生秘話：P．151）

高い音は空間に響き、低い音は、肉体と臓器、筋肉、骨にとてもよく響きます。その倍音の響きに身を委ねると、一瞬が永遠のように感じられることもあります。連続した音が4オクターブ続くので、低いほうから高いほうへとエネルギーを動かすのにも、その逆にも効果があります。

同じ音の構成で、432ヘルツのAの音を含む1オクターブ4音12弦の小さな楽器が、ミニタオです。サクラ材とトネリコ材があります。

注1）オイリュトミスト：オイリュトミーとよばれるシュタイナーが提唱した表現芸術を行う人。

注2）5度の関係性の音：ピタゴラスが行った実験に基づくと言われています。彼は、2つの音と音の間で心地のよい関係性を調べました。その中で最も心地がよかったのが、振動数が2：1の比率になるオクターブ離れた音。次に3：2になる5番目に離れた音でした。後者を5度圏の音と言います。

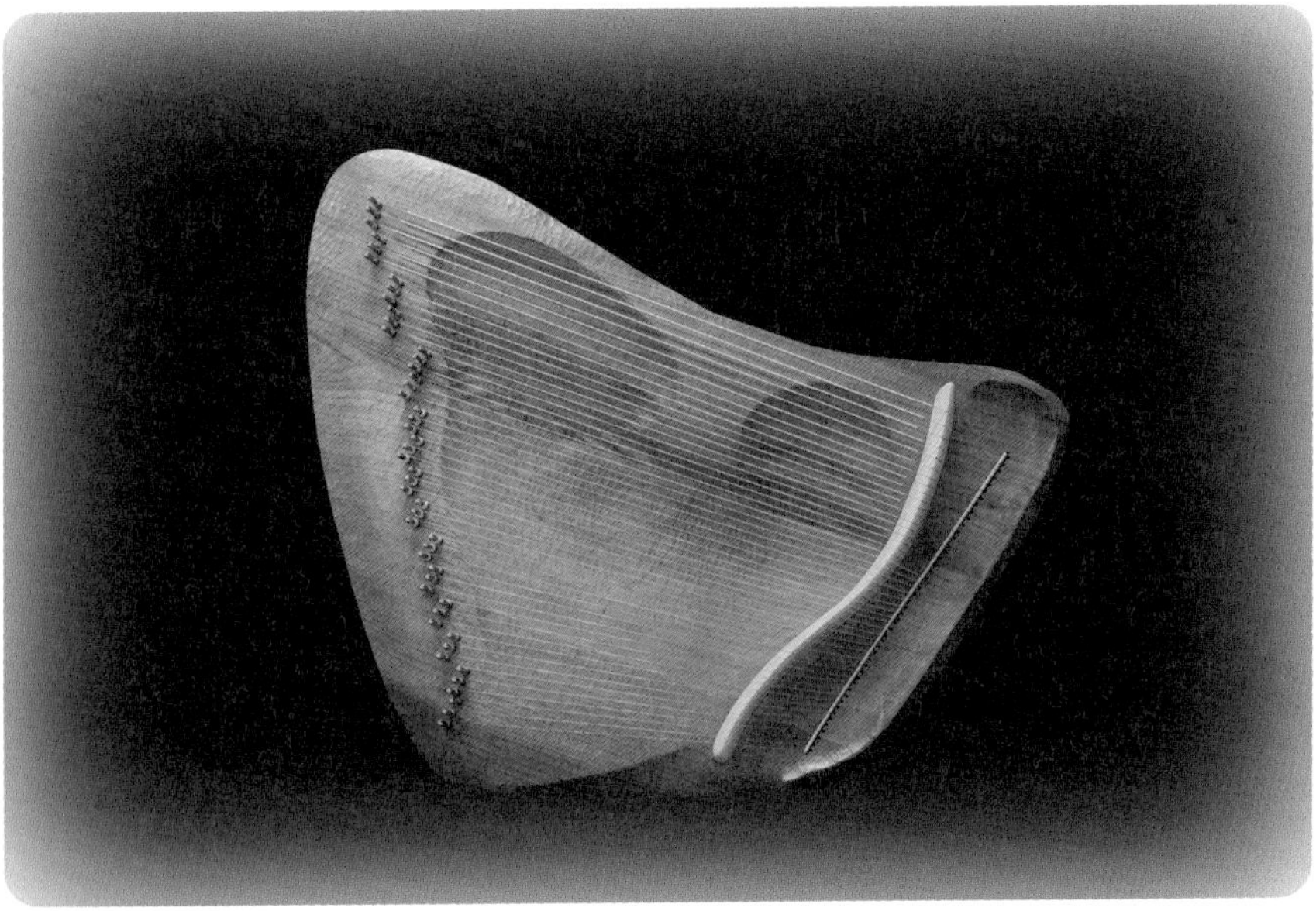

タオライアー

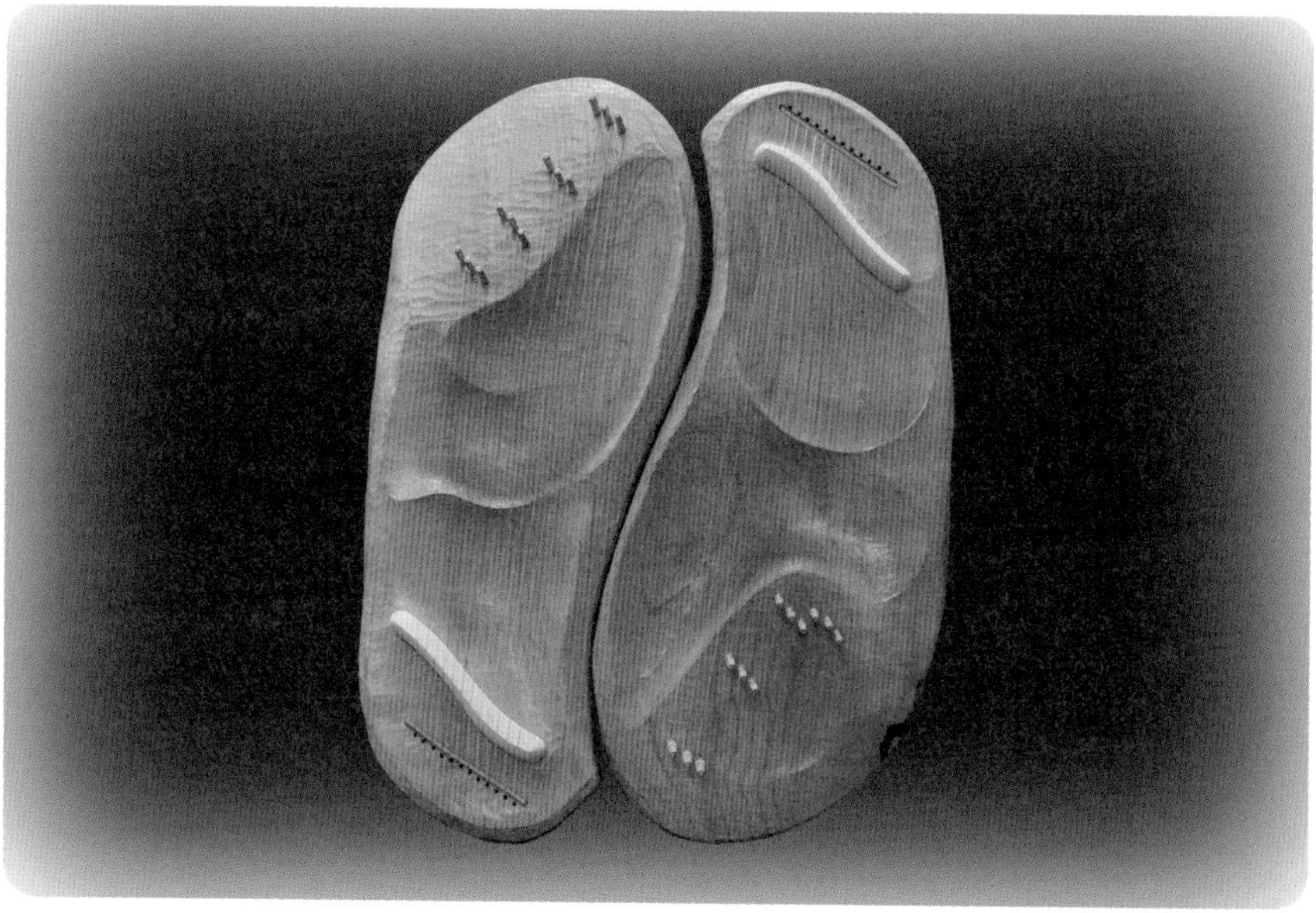

ミニタオペア

1B．スターシード

テーマ：宇宙とのつながりを思い出す

エジプト時代には、音を通じてシリウス星と交信していたのではないかという発想から生まれたライアーです。（スターシードの誕生秘話：P．155）

タオライアーと全く同じ弦を用いて、弦の配列を中央を低音にし、左右に展開したことによりシュタイナーが伝えたと言われるタオ音階の5度の世界観を聴覚でも捉えられるようにしました。シミ（BE）と、ラレ（AD）の組み合わせが、左右に、一音3本ずつ、4オクターブ展開しています。シ（B）は月、ミ（E）は木星、ラ（A）は太陽、レ（D）は金星[注3]と共鳴する音であるとも言われています。同じ音で2オクターブずつ、12本の弦の構成にして、シミ（BE）とラレ（AD）の2つのライアーに分けたのが、ツインスターシードです。月の音を含むシミにはサクラ材、太陽の音を含むラレにはトネリコ材が使われます。

注3）金星：コペルニクスの地動説以来、金星と水星の名称は入れ替わっています。

2．ガイア

テーマ：地球に生まれてきた自分の役割を思い出す

ドファソ（CFG）の3オクターブ、一音に3本ずつ合計30本の弦で構成されたライアー。64ヘルツのドの音の響きを重視し、弦を長く用いているため、長細い形状をしています。5度の世界観が感じられるよう、ドソファド（CGFC）の順に音の配列を変えることも可能。

432ヘルツを基調に調弦すると、地球と共鳴する音と言われる128ヘルツの音がCの音に含まれます。ミツバチの羽音も、この128ヘルツの響きと言われています。この周波数は、シューマンウェーブ[注4]にも関わりがあります。この倍音の響きの中にいると、太古の地球を思い出すような心持ちがしてきます。日本の神話の世界にも導かれます。

注4）シューマンウェーブ：地球を取り巻く周波数のひとつで、7・8から8ヘルツまでを中心としたある一定範囲の周波数での共振のこと。その16倍が128ヘルツ。

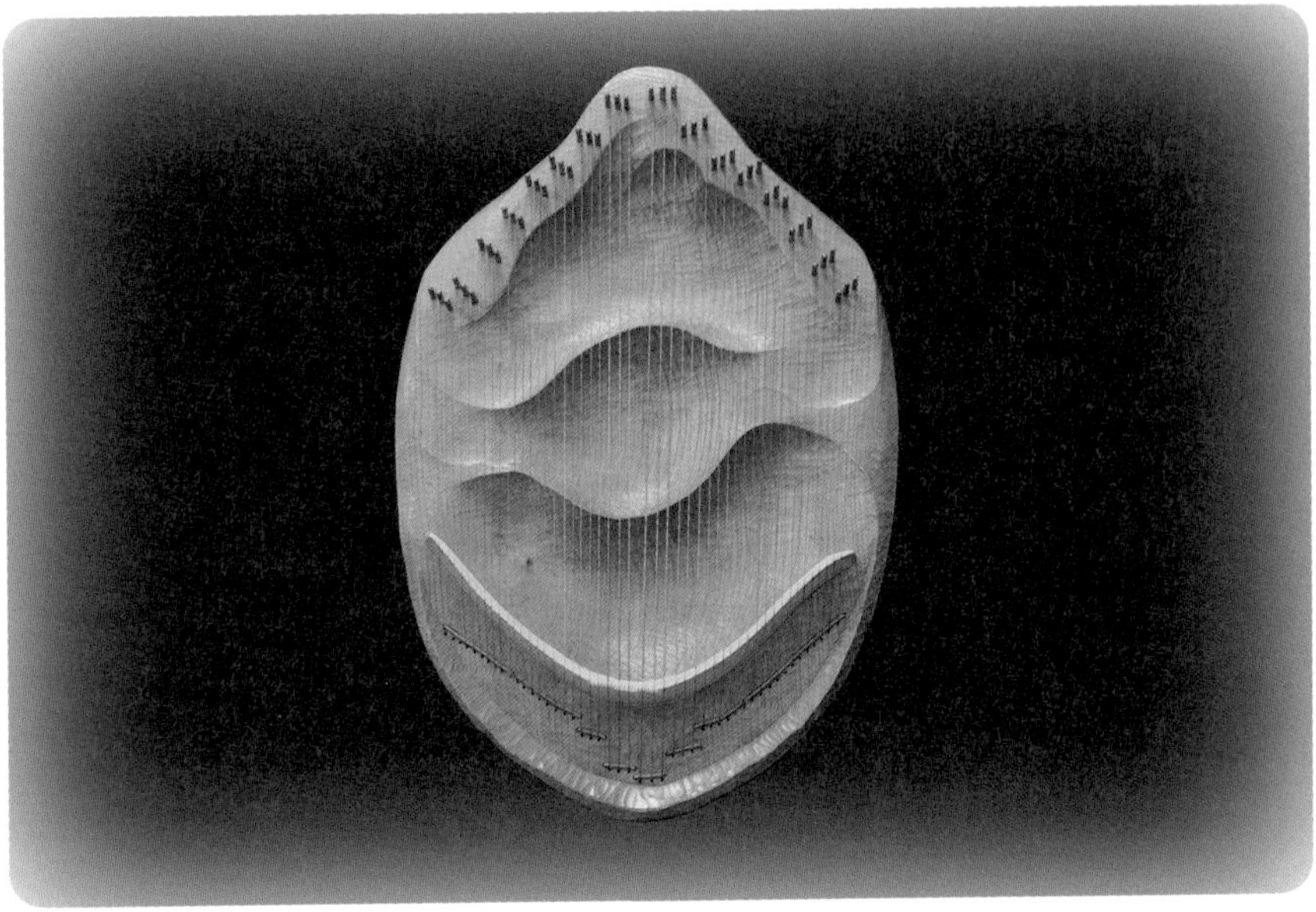

スターシード

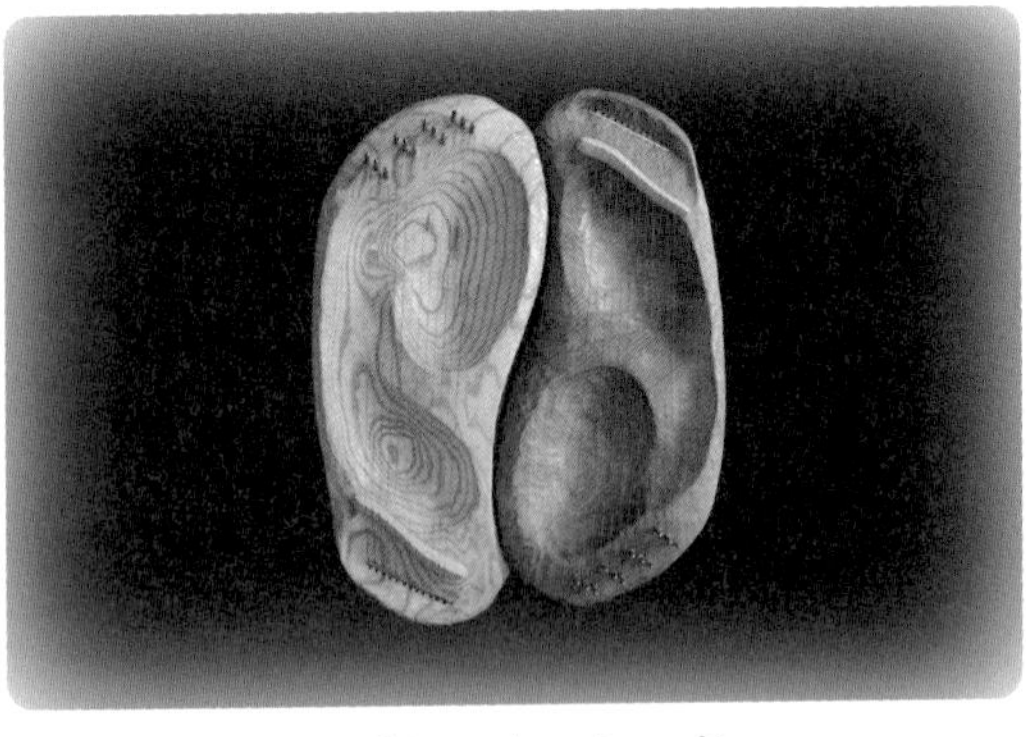

ツインスターシード

「フラワーオブソウル」
（D基調の沖縄音階とスターシードとの合奏）

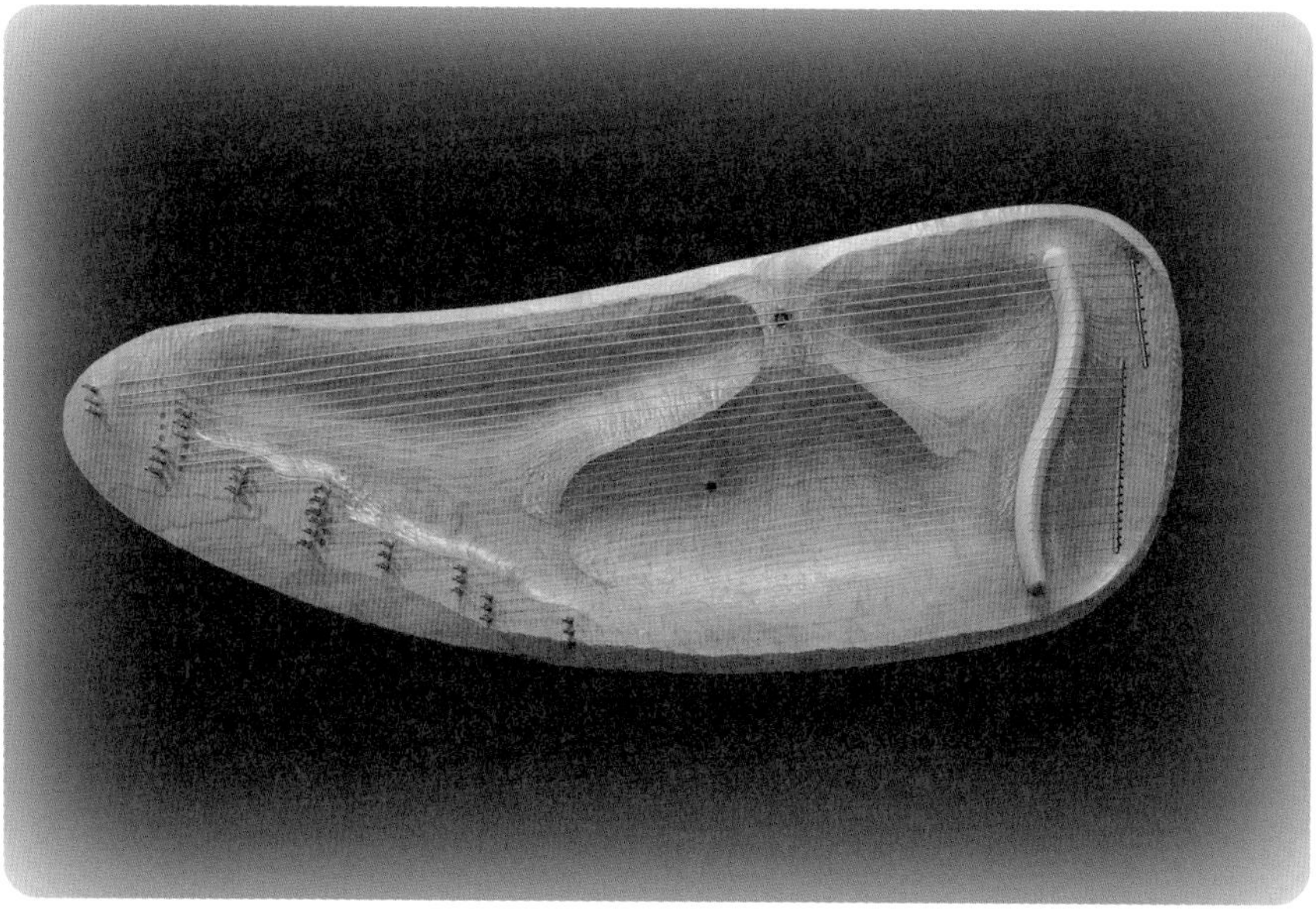

ガイア

3．キンダーハープ（7弦＆21弦）、ステラ

テーマ：光を下ろす、光に還す

キンダーハープは、シュタイナー教育で、子どもたちが初めて触れるペンタトニック（ドとファを除く5音階）、レミソラシレミ（DEGABDE）の7つの音を奏でるライアーです。

一音を3本ずつにしたのが、21弦のキンダーハープです。

キンダーハープにヒントを得て生まれたのが、ステラ。各音3弦12弦。タオに比べて2オクターブ高い音が美しく響きます。天界で響いている音は、こんな音かもしれません。当初は、ピアノの黒鍵にあたる半音階（C＃D＃F＃G＃A＃）の5音で構成されていて、名前はティラルといいました。

後に、タオライアーと一緒に奏でたいという希望が多くなり、定番が、西洋音階になりました。タオに比べて、ソGの音が一音多いだけですが、ニュアンスが変わります。次のような、さまざまな音階に音を変えることができます。ステラの和音階は、ワイタハ族のテ・ポロハウ長老にいただいたアドバイスより生まれました。（ワイタハ族の長老との逸話はP．２３２）

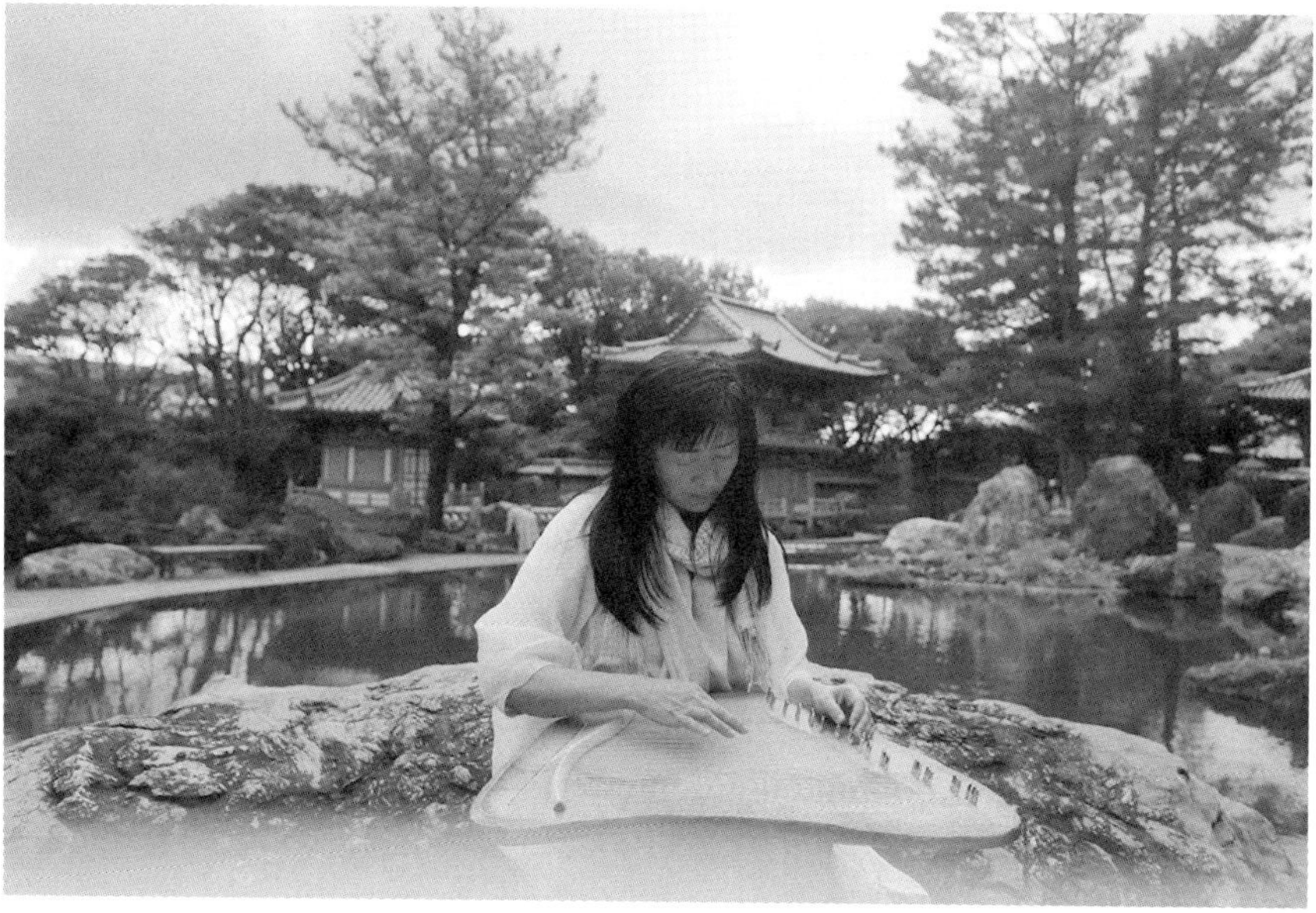

Photo by KIRINO TOMOAKI

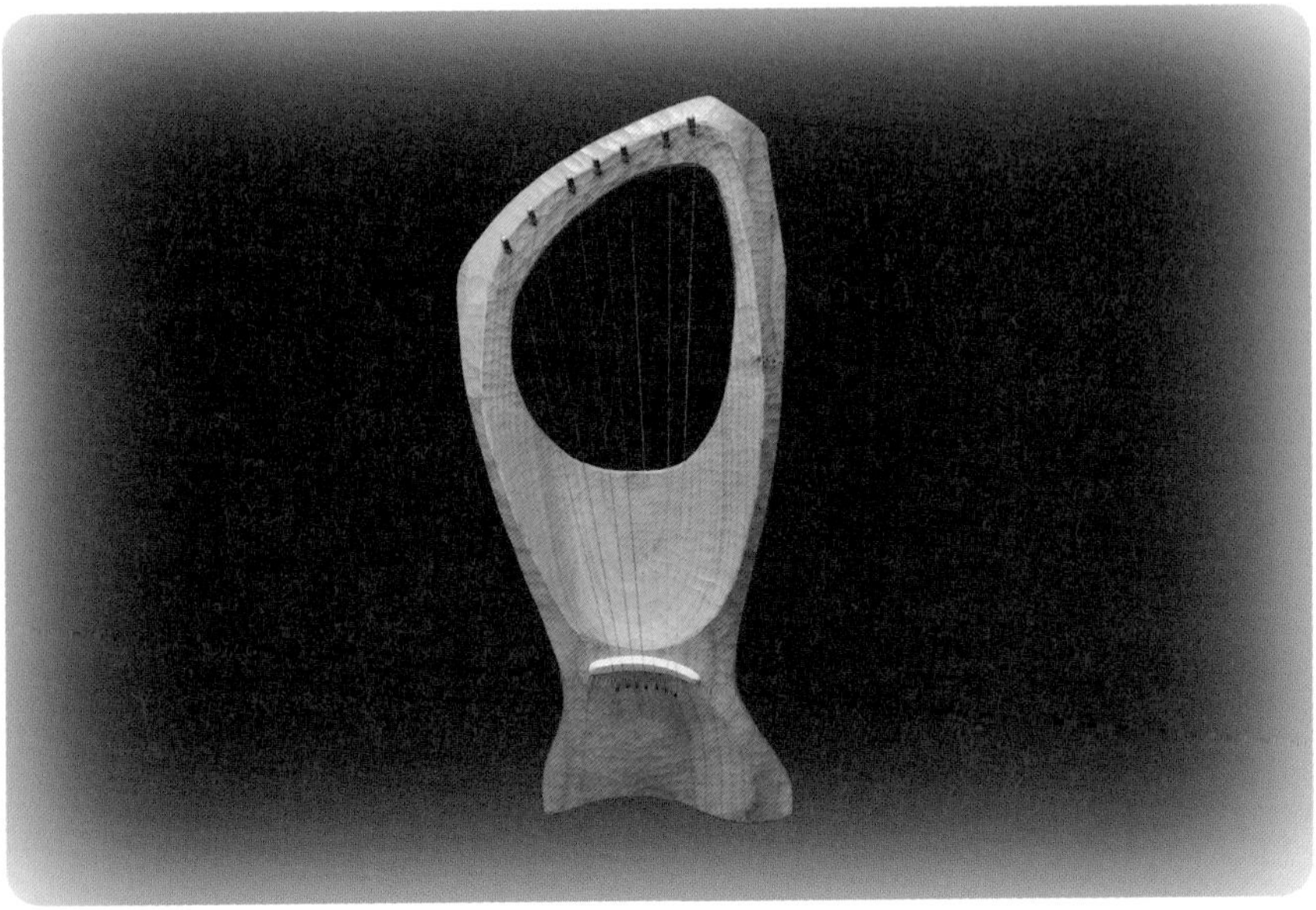
キンダーハープ７弦

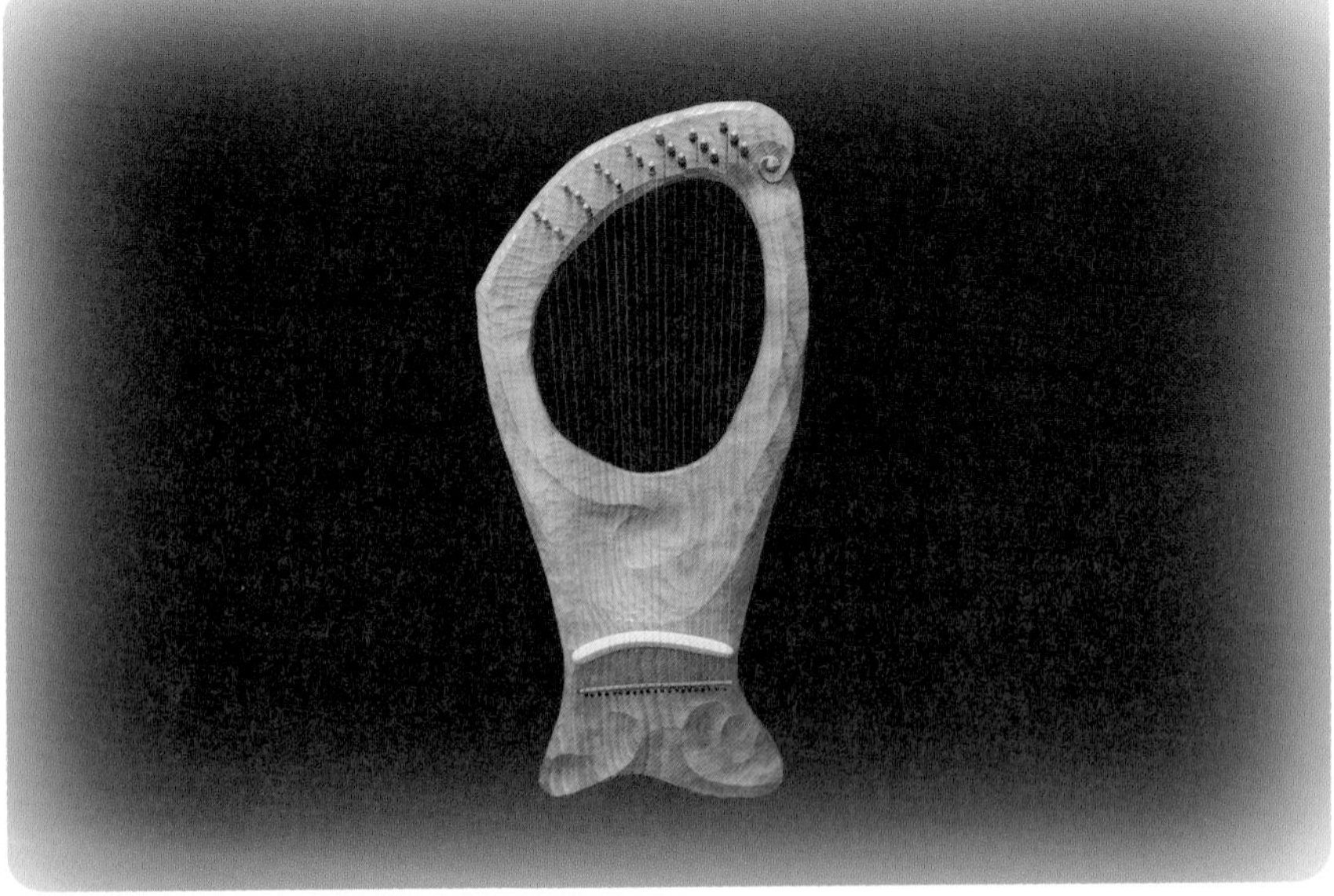
キンダーハープ21弦

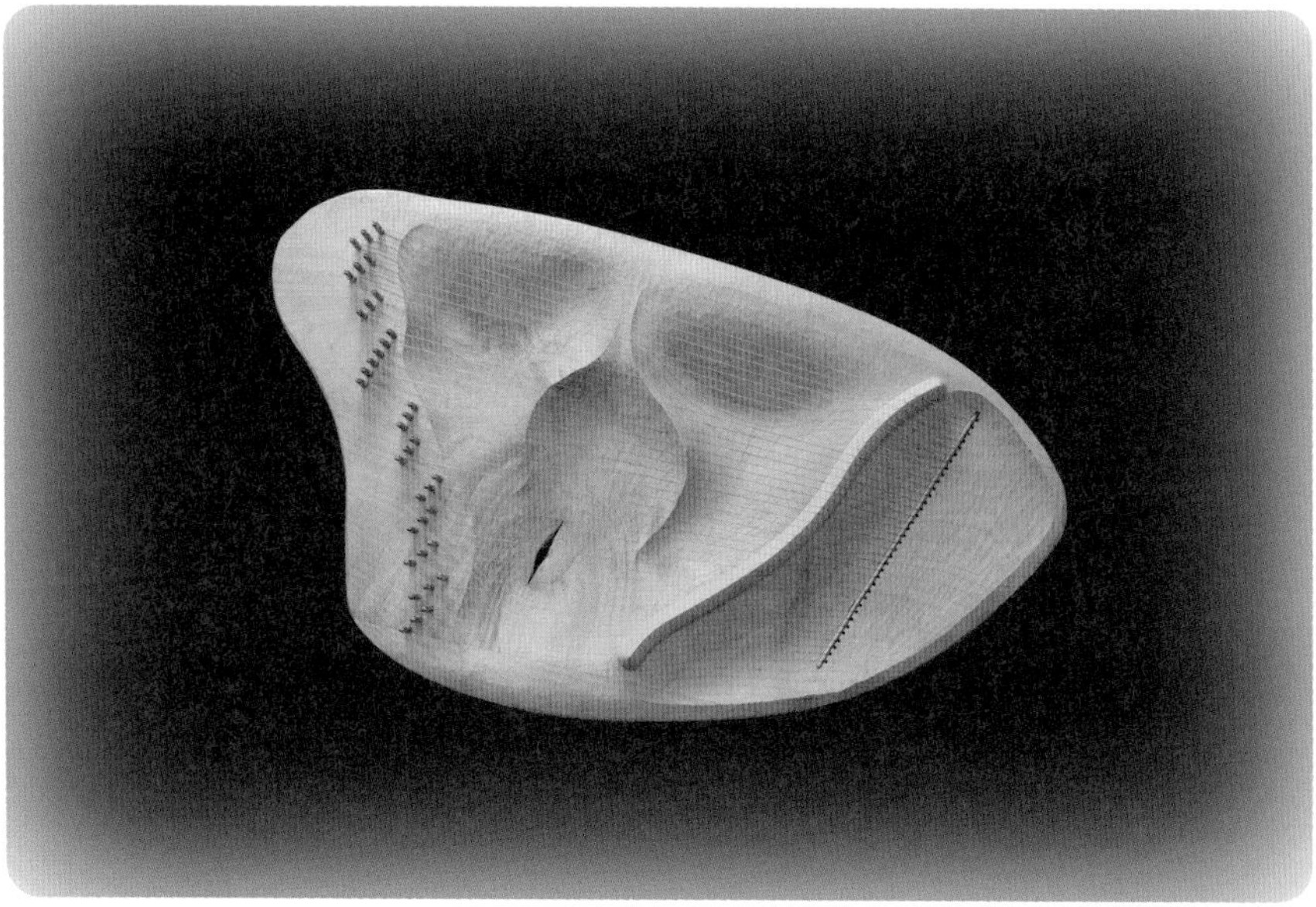

ステラ

レミソラシＤＥＧＡＢ　基本の西洋音階

レミファラシＤＥＦＡＢ　和音階

ドミファソシＣＥＦＧＢ　沖縄音階

4．ラーナ&ウイングラーナ

テーマ：心の扉をひらく

ラーナとは、ハワイの言葉で「鏡のような静かな水面」の意味です。心模様を映し出す、鏡のような働きをする音であることからつけられた名称です。当初は、リラムとよばれていました。

ソウルサウンドライアーの中では、唯一、既存の楽譜のある楽曲の伴奏をすることができるライアーです。CFG（ドミソ・ファラド・ソシレ）の和音にチューニングしています。

もちろん、即興で、思いのままに奏でながら声を合わせることもできます。

四角いフォルムのラーナと、翼のような形のウイングラーナの2種類があり、音の構成は全く同じですが、ウイングラーナのほうが長いので、音の響きが豊かです。音は、木の成長線の方向に伝わるので、ライアーの長さが、弦の方向に長いほど、響きはよくなります。

音源はウイングラーナで収録しました。

5．ドルフィン&グランドドルフィン

テーマ：JOY（祝福、歓喜）

ドルフィンは、楽器の中央が低音になるようにデザインされた、初めてのライアーです。このように弦を配置することにより、高音から低音に向かう音も、低音から高音に向かう音も、同様の美しい響きが実現しました。

ド（C）を基調に、左右に異なる音の組み合わせで、シ（B）以外の全ての長音が配列されています。その流れるような調べが、イルカから伝わってくる、無邪気な喜びのようなので、この名前がつけられました。

奏でていると、至福の時間が広がります。地上の楽園です。ドルフィンは63弦。中央にもう1オクターブ低い音を配置したグランドドルフィンは78弦です。ソウルサウンドライアーの中で、最も弦の数が多く、最も大きなライアーがグランドドルフィンです。音源はグランドドルフィンで収録しました。初めのほうは、ドルフィンの音域で奏でています。

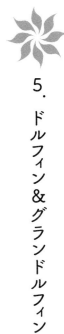

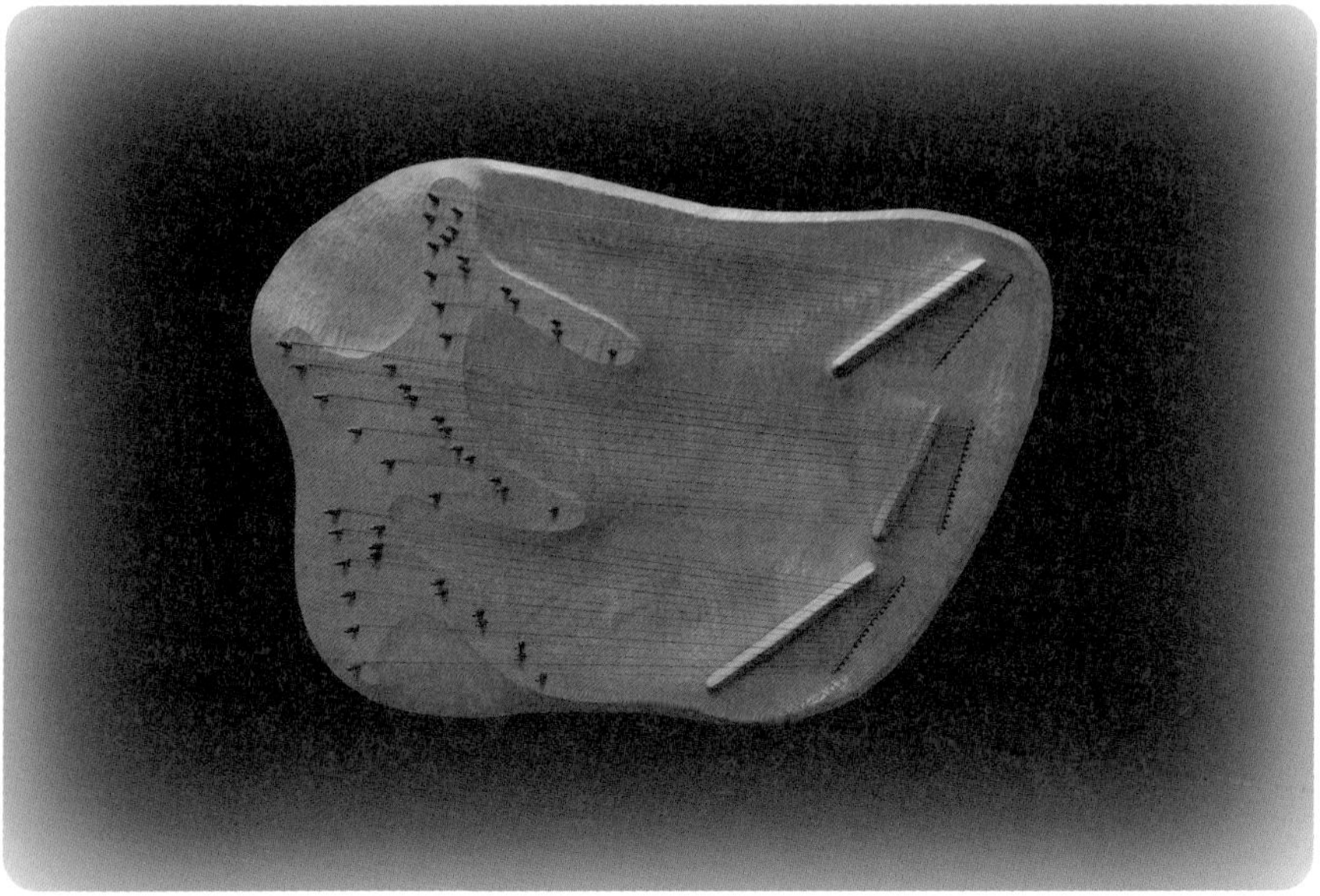

ラーナ

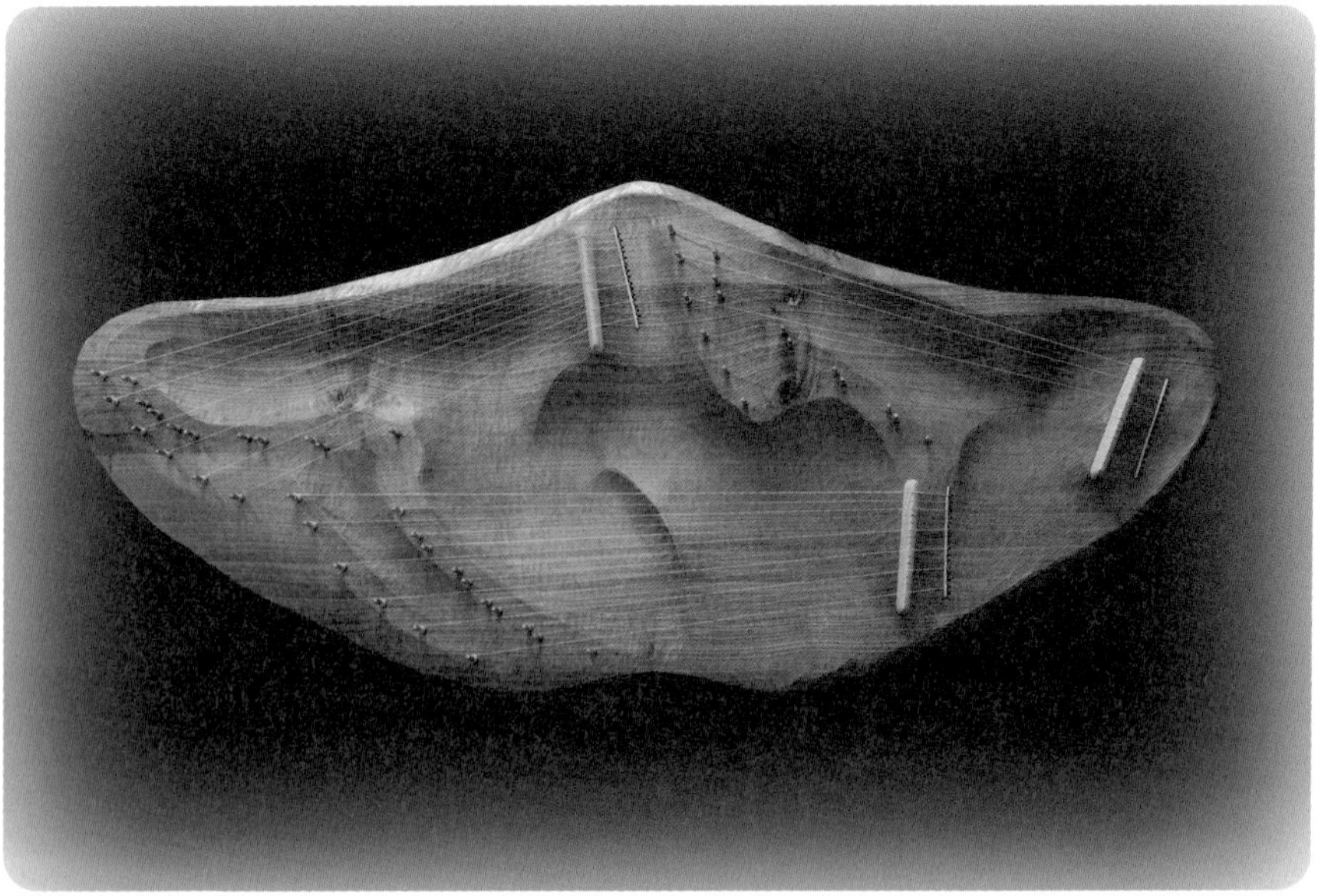

ウイングラーナ

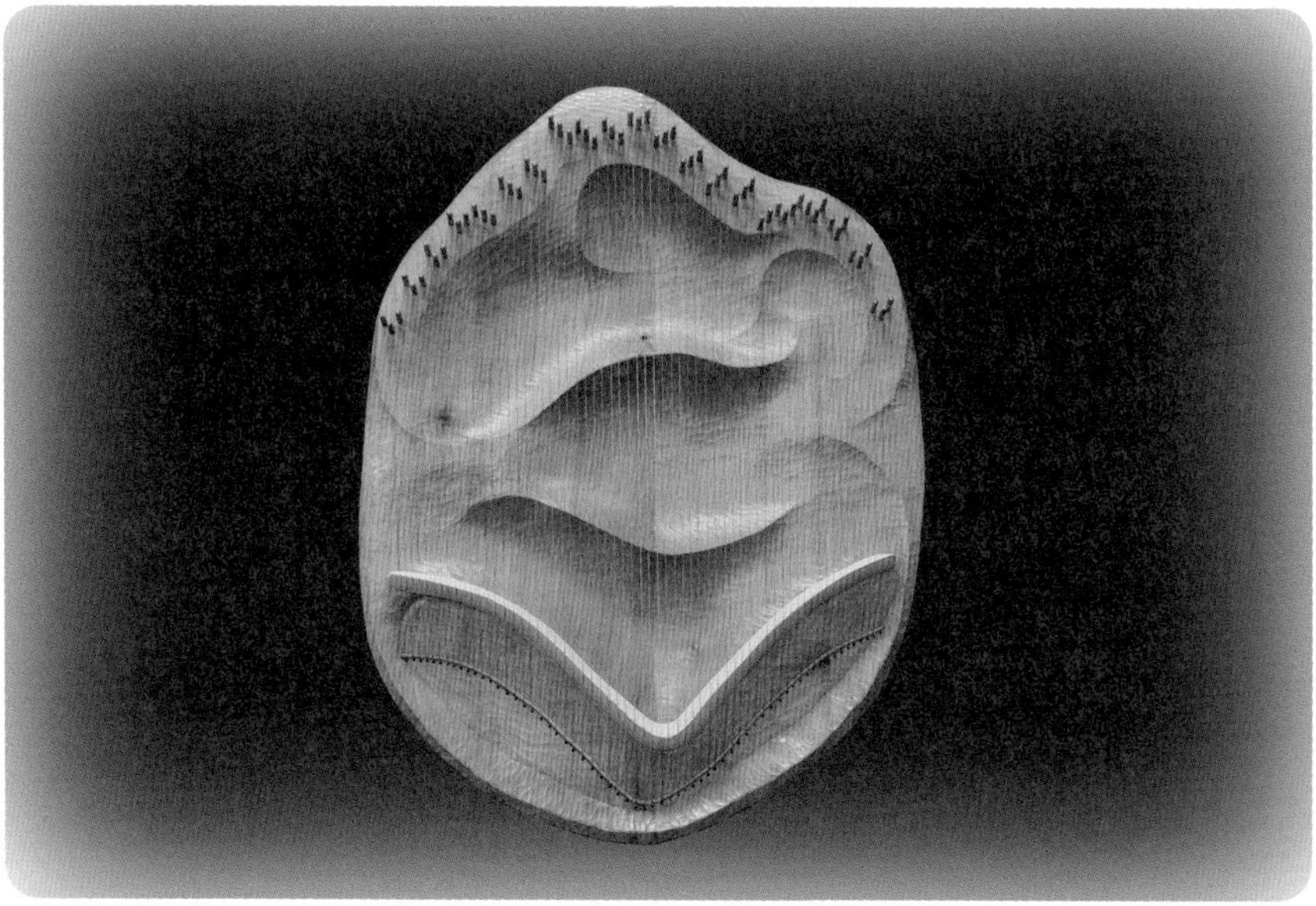

ドルフィン

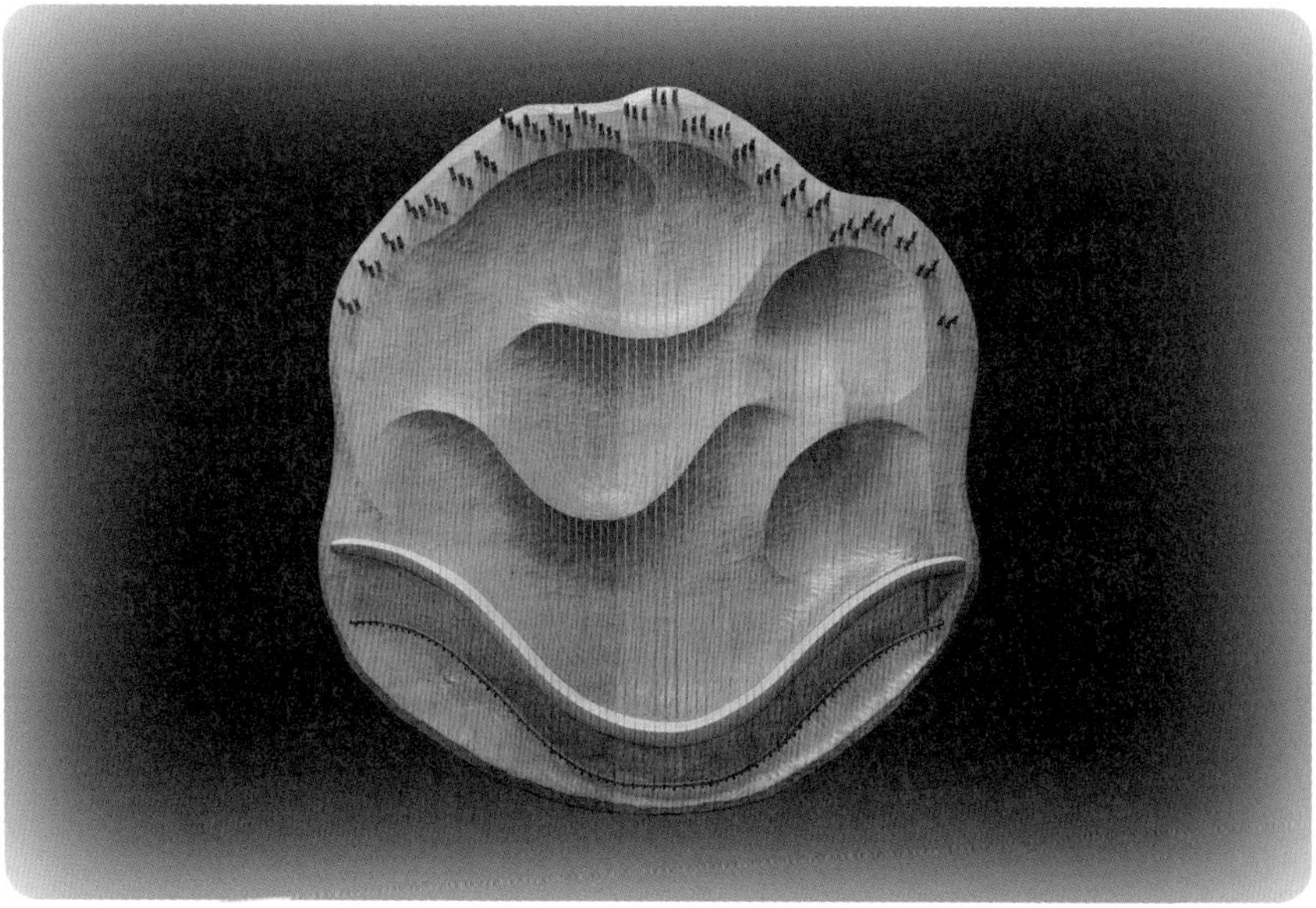

グランドルフィン

6．ソルフェジオ、リトルムーン、ソングオブガイア

ソルフェジオ音階の6つの周波数：396ヘルツ、417ヘルツ、528ヘルツ、639ヘルツ、741ヘルツ、852ヘルツに関わりのあるライアーのグループです。各音がチャクラに対応するともいわれています。

ソルフェジオ音階の6音を各9本の弦で構成したのが**ソルフェジオ**です。一音の弦の数を多くしたことにより、余韻のある響きを味わうことができます。

ソルフェジオの誕生秘話はP．152、周波数についてはP．162参照。

リトルムーンは、ソルフェジオの6音を各3本の構成にした小型のライアーです。

自然の中に持ち出して、歩きながら奏でるのにも適しています。

ソングオブガイア（P66写真）は、396ヘルツの音5オクターブと、528ヘルツの音5オクターブの各音を3本ずつの弦で構成したライアーです。中央に低音を配置したことにより、安定した重厚感のある音に、温もりが加わりました。可聴域限界の最も低い音を含むライアーです。まさに地球、大地の女神が歌っているようです。

尚、ソングオブガイアの旧モデルが、ピッコロです。初期の5オクターブモデルと、4オクターブモデル（高音がない）がありました。低音がない4オクターブがピッコリーノです。2022年春より、ソングオブガイアに統合されました。

ソングオブガイアの528ヘルツとその倍音は、愛の周波数とよばれ、DNAを修復し細胞を再生する作用があるといわれています。その音をグラウンディングさせるのが396ヘルツと、その倍音です。

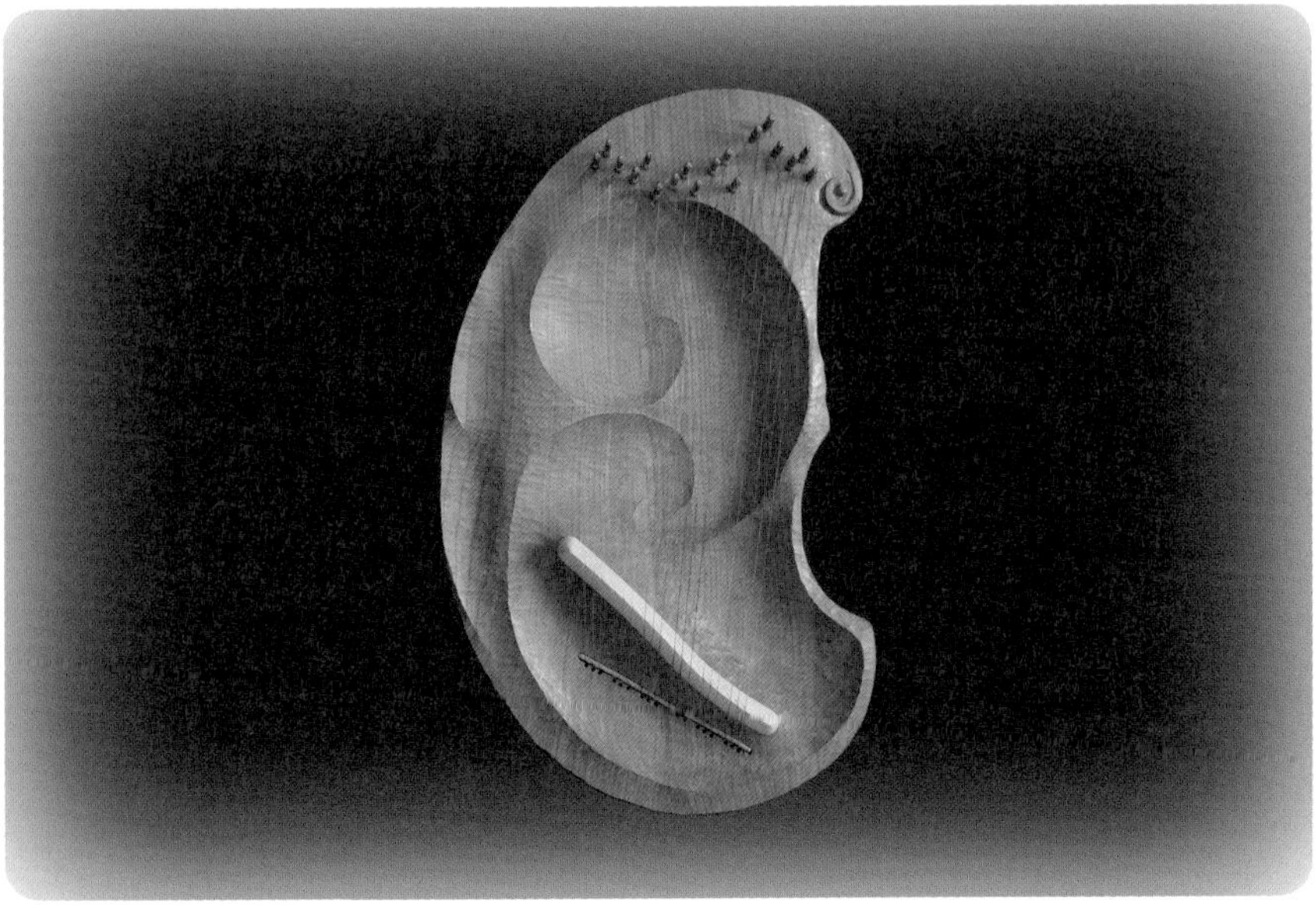

リトルムーン

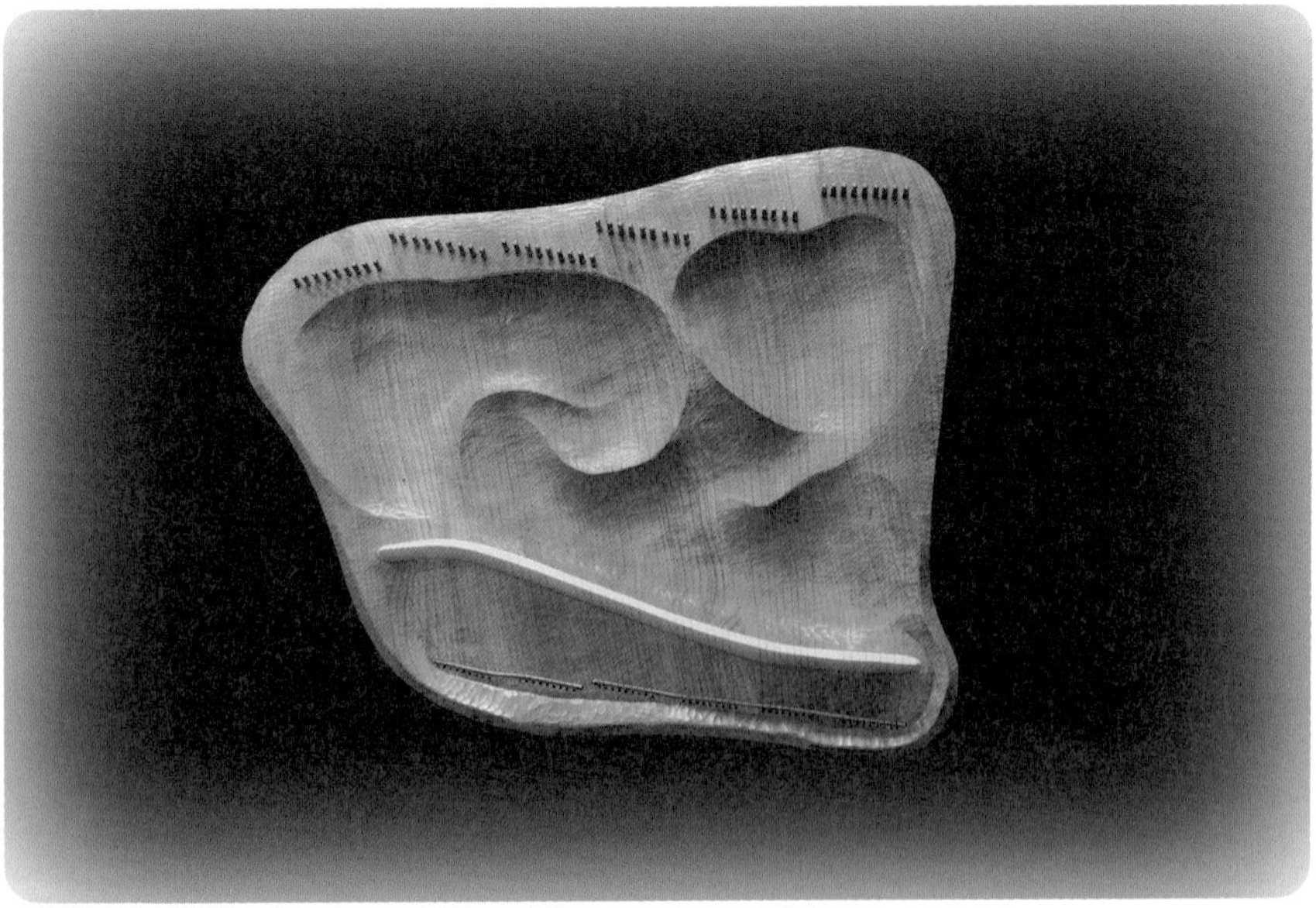

ソルフェジオ

7．ハートソング

テーマ：完全なる受容（サラスヴァティー音階）
女性性の解放（シャクティー音階）

中央を低音にして、左右に分けて5音階《ペンタトニック》が奏でられるように考案されたライアーです。一音3本ずつ51音の構成です。インドに伝わる旋律にヒントを得たサラスヴァティー（弁財天）の音階と、シャクティー（女性性）とよぶ音階に調弦する場合は、5音階は採用していません。シャクティーには、これまで秘めることが美徳とされていた、負の感情を表に出す力があるかもしれません。全てを認め、全てを手放し、サラスヴァティーが導く、ありのままを受容する世界観へと導きます。

ハートソングは、444ヘルツを基調にして調弦します。それにより、396ヘルツがソG、528ヘルツがドCの倍音になるので、ソングオブガイアと同時に2台で奏でることができます。ソングオブガイアとサラスヴァティーを同時に奏でる音は、愛そのもの、悟りの境地に至ったかのような響きに感じられます。

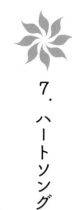

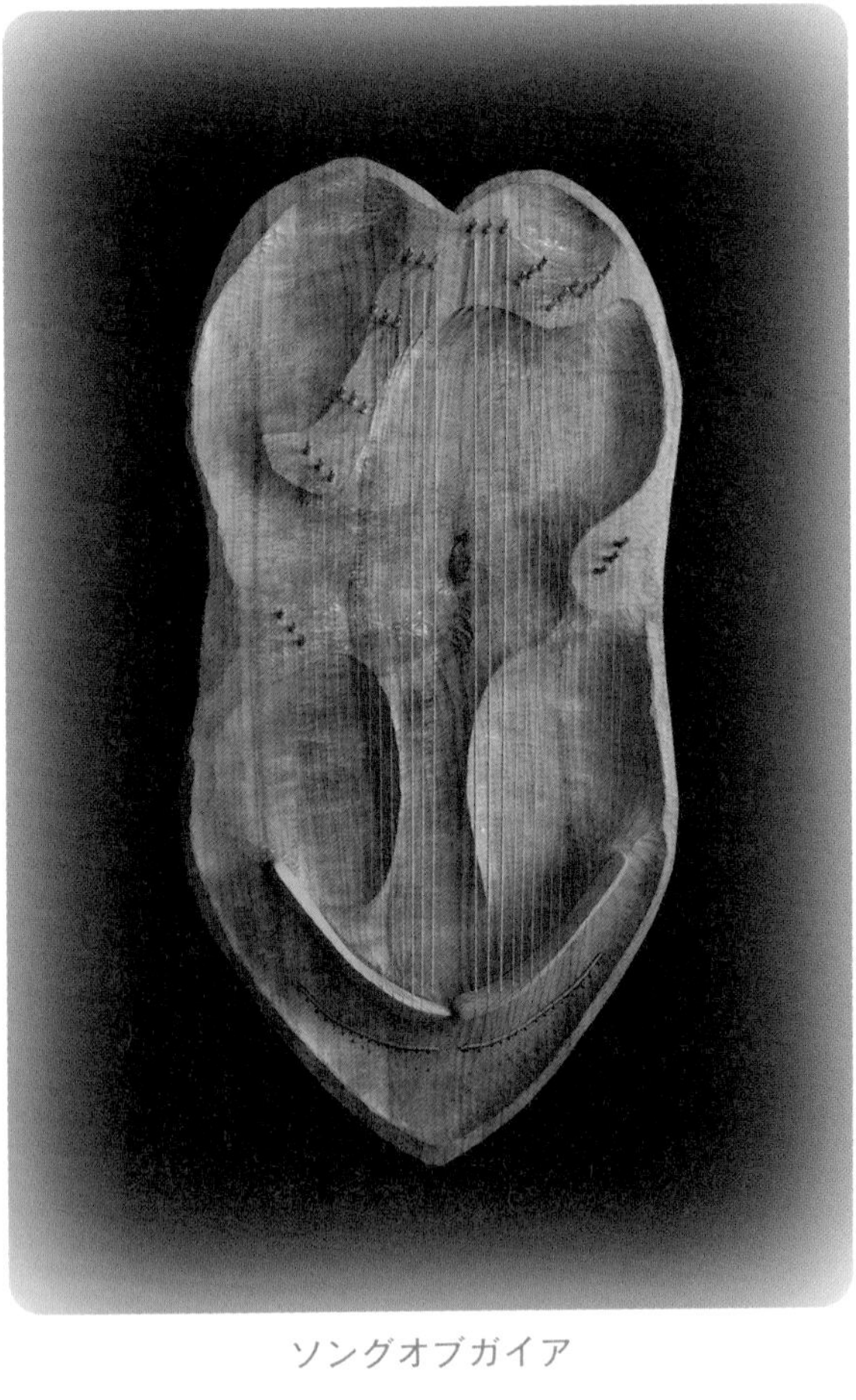

ソングオブガイア

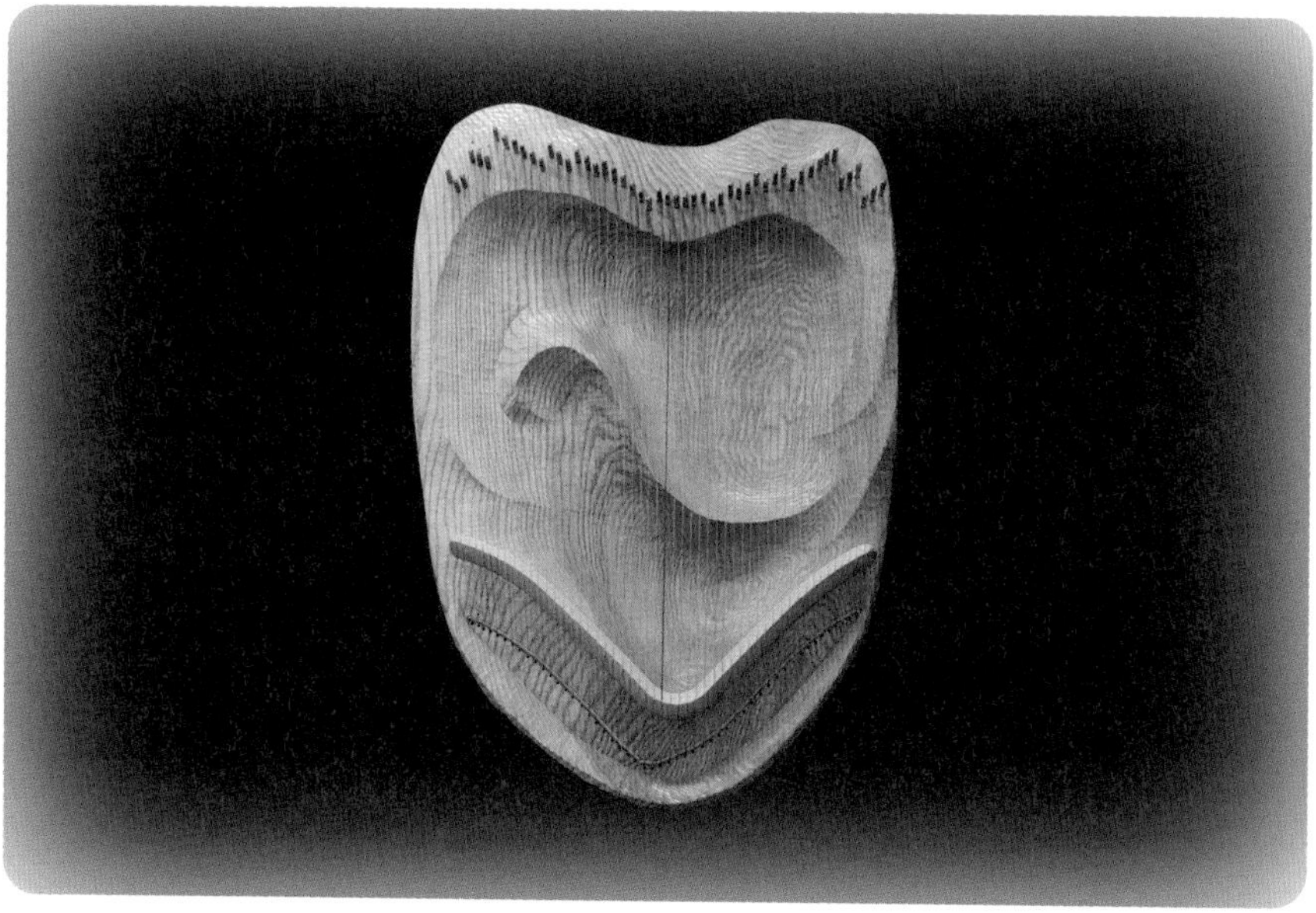

ハートソング

サラスヴァティー

シャクティー

サラスヴァティー

Photo of All Lyra by KIRINO TOMOAKI

ドイツのライアー事情

アンドレアス・レーマン

現代のライアーは、今からおよそ100年前に生まれました。私の音楽の師であるユリウス・クニウリムから直接聞いた、ライアーが生まれるきっかけの話です。

1922年の大みそか、スイスのドルナッハで、ゲーテアヌム注が大火事で焼失しました。ライアーの生みの親といわれるローター・ゲルトナーと、エドモンド・プラハトの二人は、焼け跡を歩いていました。そのときの二人の会話から、新しい楽器のアイデアが生まれたのです。

二人は、黒板が焼け残っていた教室に入りました。エドモンドは、黒板に縦の線を描きました。それが弦でした。ローターは、その弦の周りに半月のような大きな弓形を描きました。二人は、この新しい楽器「ライアー」を見て微笑みました。

これは、ユリウスが、彼の師であったプラハトから直接聞いた話です。

オランダには、コロイという会社があり、障害のある人と健常者が共同で作業にあたる取り組みがなされています。コロイ社がつくるライアーは、丸みのある形状ではなく、人智学的な、角張った直線的なデザインです。

私は、このコロイ社から生まれた、子ども向けの小さなペンタトニック（5音階）のキンダーハープにインスピレーションを得て、演奏用のソプラノライアーをつくりました。そして、それが後には、タオライアーへと発展したのです。

現在、ドイツには、ゲルトナー、コロイ、ザーレム、ヨエックス、レーマンなどのライアー制作者がつくる、さまざまなタイプのライアー（ソロ、ソプラノ、アルト、ベース）が、シュタイナー学校での演奏活動や、施設におけるセラピーに用いられています。

ライアー演奏用の曲をつくる作曲家も存在します。

シュタイナー学校では、1年生から3年生までは、教室でキンダーハープを用います。演奏以外に、日常でライアーが使われるシーンとしては、個人や病院でのセラピーやヒーリングのセッションがあります。タオライアーをはじめとするソウルサウンドライアーは、日本をはじめ、ドイツ、オーストリア、スイス、オランダ、アメリカ、オーストラリア、ニュージーランド、香港、シンガポールなど、世界の多くの国で用いられるようになりました。

注）ゲーテアヌム：スイスのドルナッハにあるシュタイナーが提唱したアントロポゾフィー（人智学）協会本部、精神科学自由大学。最初の建物は不審火により焼失。現在の建物は、第二ゲーテアヌムである。

ヒカルランド社長 石井健資氏とアンドレアス・レーマン氏のZoom対談

日時：2021年10月29日(金)
場所：ヒカルランド1階スタジオ

ライアーをつくるきっかけ

石井　ヨーロッパにはいろんな楽器があって、弦楽器もいっぱいあると思うのですが、何がきっかけで特別なライアーをつくろうとイメージしたのか。日本の読者には活字で初めて伝わることなので、この辺りからお願いします。

アンドレアス　シュタイナー教育を学んでいた学生時代のことです。妊娠中の若い女性から、キンダーハープという子ども用の小さい7弦のライアーをつくってくれないかと頼まれました。そうしたら、できあがった楽器をみたほかの女性が、私も欲しいと言うので、また同じように7弦のものをつくりました。

2台目は簡単にできました。継ぎのない、一枚の板からつくりましたし、弦は、つくり方を教えてくれた人からもらいました。シンプルな構造でした。そのときに、ふと、ソプラノライアーのようにたくさんの弦があるライアーも、このようなキンダーハープのつくり方でつくってみようとひらめきました。

その当時の楽器は、ギターにしてもバイオリンにしても、弦楽器には、全て共鳴箱がありました。私は、ひらめいたように共鳴箱のない楽器をつくると、ちょうど実家に遊びにきていた、

brother

両親の友人で、音楽家のローター・ロイプケ氏に見せました。

私は、ライアーをつくったものの、演奏はできませんでした。ロイプケ氏は、私がつくったばかりのライアーでバッハの曲を弾いてくれました。それを聴いて、両親は興奮していました。私も興奮しました。彼もとても興奮して、自分にもこれと同じようなものをつくってほしいといいました。ロイプケ氏は、シュタイナー教育の音楽教育分野の重鎮で、どんな楽器でも弾くことができました。母もシュタイナー教育に関わっていました。母の叔母に当たるイタ・ヴェーグマンは、ルドルフ・シュタイナーとは、晩年に親交がありました。

私は、これをきっかけに、その後たくさんのソプラノライアーを生み出すことになりました。

アカシャ　その中の1台が、私の娘のライアーです。

石井　それがソプラノライアーという名前なのですか？

アカシャ　ソプラノというのは、32弦の楽器で、演奏用のライアーです。

タオライアーはこうして生まれた

アンドレアス　1994年のことです。オーストリアで音楽療法士をしているビクトリアに、タオライアーをつくってくれないかと頼まれました。私は、「タオライアーって何？　どういう音なの？　それを教えてくれたらつくるよ」と返事をしました。シンプルな18弦のものをつくりました。

アカシャ　どうシンプルだったのですか。

アンドレアス　ＤＥＡＢ／レミラシを３回繰り返しただけでした。

アカシャ　３オクターブだと12弦になりますね。

アンドレアス　どこかは２本ずつにしたのかもしれない。覚えていません。とにかく18弦のライアーをつくりました。

石井　それがタオライアーですか。

アンドレアス　タオライアーの原型です。今のものとは違います。

「レミラシだけでは曲も弾けないのに、あなたはこれを何に使っているの？」と、ビクトリアに尋ねました。

彼女は、音楽療法士として、障害のある人を診ていましたが、その中に女性の音楽家がいました。才能に溢《あふ》れているけれども、興奮してくると、弦楽器の弦をつかんでしまうので、いつも弦が切れてしまったそうです。

そこでビクトリアが何をしたかというと、この女性が、演奏用のライアーを弾いている最中に、私がつくったタオライアーを背中にあてがい、それを同時に弾きました。そうすることで、この女性は、生まれて初めて、特別な興奮状態に陥ることなく、自分でライアーを弾くことができたのだそうです。

これが、今のタオライアーの原型になったライアーです。私は、後に、全ての音を、一音につき3本ずつの弦にすることにしました。肉体の全ての細胞に、癒しの音の響きが伝わるように意図してつくっています。このようにして、タオライアーが生まれました。

もっとライアーが必要

私のこれまでの印象ですけれども、日本の皆さんは、西洋の方々に比べて、とても繊細です。例えば、このタオライアーを、私がアメリカで人に向けて奏でたとき、最初の質問は、「ところで、それ、いくらなの？」でした。価格を伝えると、「じゃ、もう結構です」となってしまった。ドイツ人も、やはり同じような質問をして、「それだと、ちょっと高過ぎるな」と言います。日本の方々の反応は全く違っていて、音をそのまま受け取ってくれ、「これ、欲しいです。つくってください」と言われました。価格を確かめもせずに。

日本には、今では1700台を超えるソウルサウンドライアーが存在しています。必要とされているから、存在していると思います。

石井　私も、音を聞いて、一度爪弾《つまび》いたときに、魂の奥底まで音が流れ込んでくる気がしました。生き物なのかと思いました。素晴らしい楽器をつくっていただいて、感謝にたえないです。

ところで、アンドレアスさんはどちらかというと技術者なのでしょうか。

アンドレアス　少しは科学者か研究者的なところもあるかもしれないと思います。何かを頼まれたときに、これでいいのかな、もう少し良くなるのかなと、いつもどうしたらいいのか改善することを考えていて、終わりがないです。

私は、ナイフの扱い方を既に熟知しています。そのナイフで彫るわけですが、いつも夢中になります。今現在は、グランドルフィンというライアーを彫るのに夢中になっています。彫り方は知っていても、彫る度ごとに、もっとリラックスして彫るにはとか、もっと美しい流線形が現れるようにするには、どうしたらいいのかと常に意識して、常に学んでいます。どの楽器も唯一無二で、出会いも唯一無二です。一期一会なので、その瞬間、瞬間を大切に扱っています。

石井　私も、拙いながら弾くと、聴いた人が、同じライアーなのに、「頭のここに音が響くわ」とか、「痛かった腰に、音が入ってくるわ」とか。肩こりの人が、聴き終わった後、肩こりがとれちゃったとか。聴いているだけで、響かせてはいないのに。

アンドレアス　びっくりですね。

石井　自分でもびっくりです。

びっくりすることが他にもありました。実はライアーのCDをつくるときにお願いした、音のプロフェッショナルの方が、結構高齢で、からだのあちこちにガタがきていて、いつもは仕事が遅いのですよ。ソニーにもいたプロで、ニューヨークで有名なアーティストの録音も手がけている方なのです。それが、ライアーの音を録音したら、たった1日で、翌日、CDができましたと持って来たのです。

それは、その人のキャリアの中で、初めて起きたことでした。聴けば聴くほど、元気が出て、徹夜して持って来たのに、顔の血色がよくて、こんなことはこれまでに起きたこともないし、自分でも不思議だと言っていました。このライアーの音は、本当に正しい音で、恐らく、波面に歪《ゆが》みがないのだろうと言っていました。

432ヘルツの世界

アンドレアス　私はずっとバイオリンを弾いていたので、つくり方は、バイオリンから学んだことも多いのです。バイオリンが、この世で楽器と言える第一号だったかもしれないと思います。バイオリンの構造にはたくさんの秘密が隠されています。でも、このライアーは、全て目に見えるつくりになっているので、秘密は何も隠されていないですね。木のあらゆるものが見えている。例えば節があるとか、もしかしたら節穴があいているかもしれないし、木の成長線も見えている。全部見えている状態です。全てが現れていて、全てが真実でもあります。だからこそ、本当に純粋な自然の音が奏でられるのではないかと思います。

石井　ライアーは432ヘルツで演奏するとうかがいましたけれども、意図してそのようになさったのですか。

アンドレアス　バッハやモーツァルトの時代には、432ヘルツが使われていました。440ヘルツに周波数を上げたのはヒットラーだと言われています。彼は、スピードを上げて、もっとバイオリンのパワーを出すように、意図的に440ヘルツにしました。オーケストラのほとんどが、1940年代から440ヘルツ、もしくはそれよりもっと上で演奏するようになりました。でも、音によりリラックスする効果は、それによってなくなってしまいました。

石井　すごい歴史ですね。

アンドレアス　2000年にドイツでライアー世界大会がありました。それまではライアーも、440ヘルツで弾いていましたが、2000年のライアー大会で432ヘルツにしようということが決められて、そこから432に下がりました。

石井　まだ20年ほど前の話なのですね。

アンドレアス　そうです。

石井　今のような歴史的背景を知って変えようとしたのでしょうか。アンドレアスさんが中心になって変えてくださったのですか？

アンドレアス　詳細についてはわからないのですけれども、2000年の大会のときに、ペア・アルバムとユリウス・クニウリムという、シュタイナーの音楽教師で、重鎮の二人が、432ヘルツのことを知っていて、いろいろ実験を重ね、これで行こうと決めたのではないかと思います。

石井　裏には、経験と、医学的、科学的裏づけがあって、432ヘルツが体に一番いいだろうということになったわけですね。

アンドレアス　そう思います。432ヘルツに関する研究については、インターネットにも出ています。

石井　チェックしてみたいと思います。

音の感覚の不思議

石井　バッハより前は、432ヘルツというより純正律だったと聞いたのですが。

アンドレアス　例えば、タオのレミラシの音の関係性は、純正律と同じことなのです。とても心地よく響きます。なぜかというと、4度と5度と1オクターブで構成されているからです。でも、ピアノだと12音があるので、割り切れないところを合わせて入れたら、純正律にならない。幅が狭くなっているからです。

その点、特にスターシードですと、4度と5度の世界とオクターブの世界なので、完全に調和の世界が生まれます。ガイアもそうです。ここも完全に調和の世界です。ソルフェジオ音階の一部でできているソングオブガイアも。

石井　調和の世界にならないライアーもあるのですか。

アンドレアス　普通の演奏用のライアーですね。

石井　アンドレアスさんがつくるのは、全部、不協和音がないライアーなのですね。

アンドレアス　そうです。

アカシャ　でも、ラーナというライアーの場合、1つのコーラスを奏でている分には、調和していますけれど、3つのコーラスの全部の音を一緒に奏でますと、不協和音のように聴こえます。

石井　僕には全く調和しているようにしか聴こえないけれど。

アカシャ　グランドルフィンもそうなのです。左右同時に奏でると、私には、不協和音のように聴こえます。

石井　僕は絶対音痴ですから（笑）。僕は楽譜が読めないし、ちっちゃいときからシャープとかフラットとか、意味がわからなくて、音楽の試験では零点をとった。むちゃくちゃ劣等感があります。音が12音階に分かれているというのも、いまだにあまり理解できなくて、音は全部つながっているのだから、無限だと。12音階に決めた人はバカだ、くらいに思っていました。

アンドレアス　ジプシーのバイオリン弾きはものすごく上手に、天才のように弾きます。すごく有名だったりもしますけど、中には楽譜が読めない人もいます。音楽理論なんか何も知りやしない。でも、そういう人は音楽の中に生きていますね。タオの音の中に生きています。

石井　僕は、「このライアーは、ドレミは弾けないんだよ」と言われたときに、逆に、これなら音楽がつくれると思っちゃったんですよ。

アンドレアス　その通りです。

石井　令和3年の4月2日に、初めてスターシードをつくったんです。自分は表面をちょっと削っただけだけど。でも、でき上がって、それを爪弾いたときに、嬉しくなって、弾きまくって、1ヶ月後にCDに録音をしたのです。それで今では、50枚分くらいになりました。

　自分でもどうなってしまったのか、不思議です。ライアーの音の世界の次元に入ってしまったくらいに思っています。人がどう思うかは別として、自分としては、ライアーを爪弾いていると、全部名曲になると思っています。

アンドレアス それは素晴らしい。

石井 アンドレアス・レーマンさんのライアーのおかげで、人生が激変したということをお伝えしたい。何としても、日本におけるライアーの更なる普及のお手伝いをしたいなと思います。

人生が変わる瞬間

アンドレアス 余談になりますが、私は体育の教師をしていたこともあります。シュタイナー学校で教えていました。ある日、私が体育教師の正式採用の通知を受けた日に、先ほど話に出たユリウス・クニウリムとたまたま出会ったのです。ユリウスは私に、「シュタイナー教育の体育教師をする人は他にもいるけれども、このライアーをつくるのは君しかいないよね。君はどちらを選ぶの?」と問いました。翌日、私は、ライアーを選びました。その日から私の人生は変わりました。

――何歳くらいのことですか。

アンドレアス 24歳です。今は67歳ですから、43年間つくっています。

石井 何台くらいつくったのですか。

アンドレアス 自分がつくるのに携わったオーダーのライアーは、3500台ほどです。それ以外に、5000から6000のライアーが、ワークショップで皆さんの手によって生まれています。

石井　僕は、ほんの半年ほどの間だけでも、ライアーでいろんな人の人生が変わっていくのを目の当たりにしました。それだけライアーに関わっていると、アンドレアスさんのところには、そういうエピソードがいっぱいあるのではないかと思います。何か印象に残るお話があったら、ぜひ2つ、3つお願いいたします。

アンドレアス　人生が変わった瞬間を目の当たりにした、という経験で言いますと、私は以前、社交ダンスを教えていたことがあります。その会場では、カップルで踊りますが、あるカップルの男性が女性を自分に強く引きつけ過ぎているのに気づきました。

何かが欲しいと思ったときに、欲しいからぎゅっとつかんでしまうのは、よくあることです。でもそれによって、相手が自由に動ける空間を、奪ってしまうことがあります。母親が子どもをかまい過ぎたりとか、ご主人が奥さんを束縛し過ぎたりとか、いろんなケースに当てはまると思います。

私はその男性に、「抱えている手を逆にしてごらん」と言いました。逆にすると、抱えられなくなる。そうすると、過度につかまえることができなくなって、流れがとても自由になったのを確認しました。しばらくすると、二人が部屋から出ていったので、休憩しているのかなと思ったら、そのまま戻ってきませんでした。

翌朝またレッスンを受けに来た二人は、人生の究極の変化だったということを教えてくれました。単純なアドバイスで人生が変わったというのは、私にとっても非常に貴重な体験でした。ライアーも同じです。私は、いつも自分の目の前に存在するものを、新鮮な目で見て、前に向かって進んでいきます。すると、常に人生が変わる可能性、節目が生まれます。でも、私が昨日と同じやり方を踏襲すれば、昨日までの自分と、何ら変わりはありません。

ライアーを彫っているときに、うっかり一部分を彫り過ぎてしまったとすると、その辺り全部を彫りなおさないとなりません。彫り方自体が、音の流れの中に存在するよう、常に、今ここ、今ここ、今ここと意識を集中させて彫っていく必要があります。私の場合は、いつも、昨日とか、過去のことに意識がいきがちなので、常に今ここを意識するのは難しいですね。でも彫りなおせば、全て生まれ変わります。

石井　日本の禅も、今ここ、これが全てですからね。大切な教えです。ライアーを彫るときに、今ここ、今ここという思いを込めて彫ってくださっていたというのを聞いて、ますますライアー愛が深まりました。

アンドレアス　ありがとうございます。

グランドルフィンを制作中のアンドレアス

禁断のヒーリング効果

石井　体に当てて弾いてもらう体験についてですが、両耳にそれぞれ、一度に1台ずつライアーを当てて弾いてもらうのが、一番効果があるようにうかがいました。ものすごい癒しの効果で、自分もそうでした。見ていると、受けている人は、ほぼ気絶していますね。そして、その後、目覚めたときの爽快さ。これは自分だけではなくてみんなもそう言うので、本当にすごいヒーリング能力です。これを、もし医学的、科学的にきちんと検証できたら、すごいものが出てくるんじゃないかと思うんですけれども、そういうことは何かご存じないですか。

アンドレアス　ストレスレベルが下がるというデータはあります。タオライアーを弾いたときに、ストレスレベルが下がったという結果が得られました。

他の楽器と比べたときに、大きな違いがありました。他の楽器、あるいは他の癒しの手法ですと、そのセラピーをしている間は、ストレスレベルが下がっていたとしても、それが終わった瞬間に日常レベルに戻ってしまうことがほとんどです。

でも、タオライアーの場合は、演奏が終わってからも、少なくとも2、3時間はストレスレベルが下がったままの状態が継続しました。どうしてそのようになるのかを調べるところまではやってもらえなかったので、なぜかはわかりません。

石井　それは禁断の研究になっちゃうのでしょうか。

アンドレアス　そうだと思います。

石井　タオライアーで病気が治ったら困るからね。

アンドレアス　そういうのを望まない存在があるのでしょう。

石井　今、タオライアーのことを特に言ってくださいましたが、ほかのライアーはどうですか。

アンドレアス　私たちがソウルサウンドライアーと呼んでいるものについても、同じことが言えます。

石井　素晴らしい情報をいただきました。

アンドレアス　ただし、共鳴箱があるタイプは違います。

石井　その理由は何ですか。箱の中で音が回っているので、からだの中に入る音が弱くなるという理解でよろしいですか。

アンドレアス　箱の中で上下に揺れるのです。箱がない場合は、木の成長線に沿って振動が伝わります。

石井　縦にしたほうが効くのですか。

アンドレアス　もちろんそうです。背骨に添わせるとかね。

アカシャ ライアーを当てる向きによって響き方が変わります。ライアーの材の成長線が終わる先端は、あまり響きません。成長線に沿った側が、よく響きます。もちろん、ライアーの裏面は、全体が響いています。

石井 じゃ、背中に当てるのは正解ですね。

アカシャ 正解ですが、背骨に当てるときは響く側を当てないといけない。

アンドレアス 目を閉じて、感じてみられたらわかります。やってみたら、わかると思います。

木の持つ力、木のネットワーク

石井 ちょっと話が変わりますが、アンドレアスさんの子ども時代はどんな感じだったのですか。

アンドレアス 私は4人兄弟の長男で、いつも3人のボスで、私がやれと言う通りにみんなが言うことを聞きました。森の近くに住んでいたので、木の上などで遊んでいました。ベルリンで育ちました。

石井 私がびっくりしたのは、ライアーを人間に当てるのもそうですけれども、森の中で木に当てているじゃないですか。どうしてそういうことを考えて実行するようになったのですか。

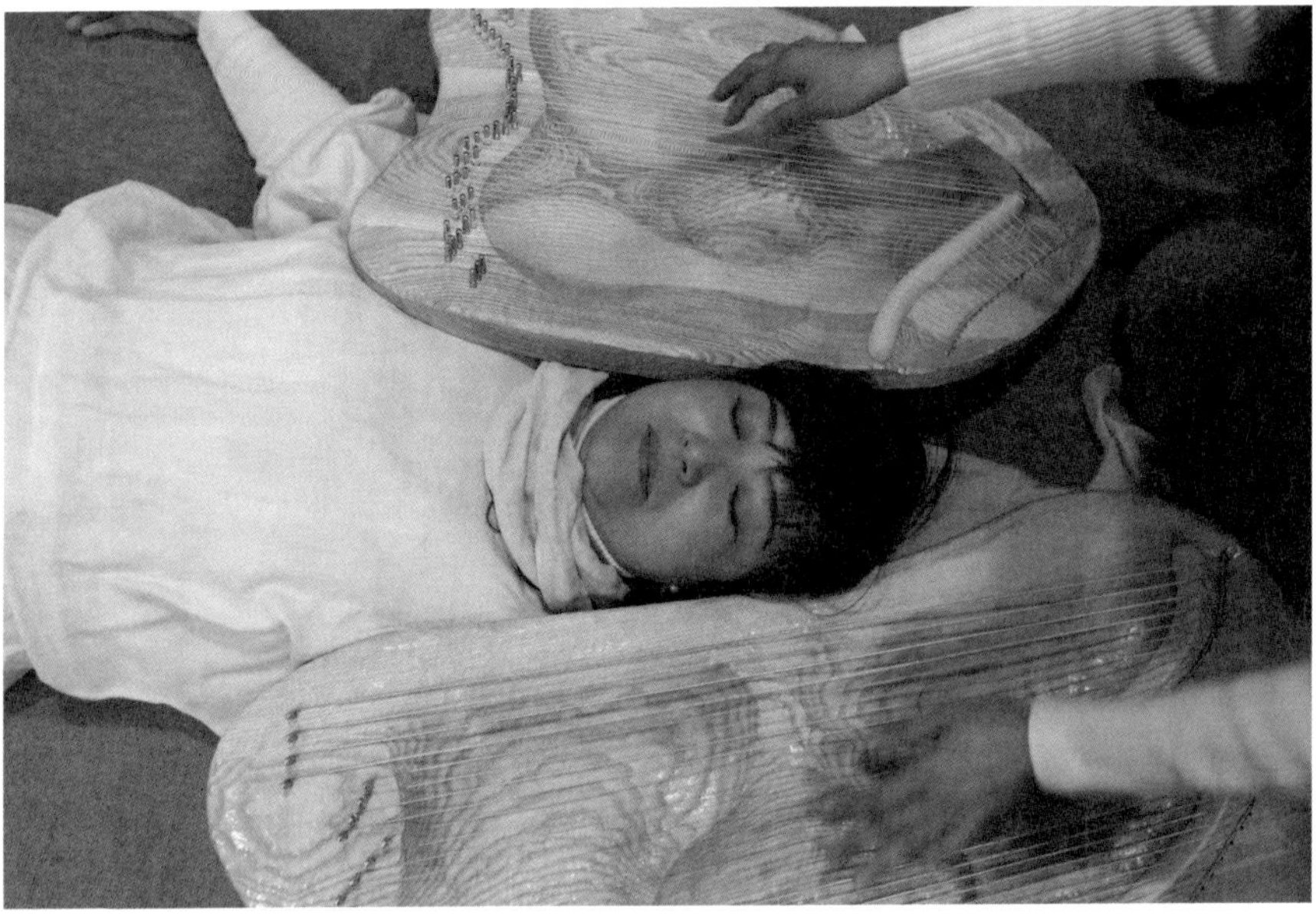

Photo by KIRINO TOMOAKI

アンドレアス 木の振動を感じてみたいと思ったのです。木に楽器をくっつけて、立てて弾くと、もちろんライアーの振動を感じますけれども、ライアーだけじゃない何かも伝わってくる、それが木の振動でした。

石井 ちょっとオカルトめいていますが、世界中の木がつながってネットワークになっていると言う人もいます。アンドレアスさんはこれを使って、木のネットワークに向けて何かメッセージを発しているんじゃないかと思っていました。

アンドレアス ツリーサポートというのも教えていました。木は非常に微細な蒸気を発していて、その蒸気が森から出ていって、世界中、地球を覆うくらいにつながっているということも伝えていました。

昔、ヨーロッパでは、森の中で、非常に大きなカシの木とかトネリコの木を選んで、サポートするような働きかけをしていました。そういうケアをされた、森の王様みたいな木は、ほかの木よりも強い力を持ちました。

その土地の特別なポイント、聖地と言われるようなところとか、パワースポットみたいなところに植えられている木もありました。これらの木が持つ力は、ほかの木よりもすごく力強いです。

そして、これらの木は、地下にある水を保持する働きもしています。雨だけでは木に十分な水が得られません。大きな木は1日に500リットルくらいの水が必要です。これを地上からだけでは確保できないので、地下から吸い上げているのです。

未来に必要なこと

石井　地球そのものが病んでいると言われている中で、日本では、音霊《おとだま》とか言霊《ことだま》が地球を修理《しゆり》固成《こせい》するというイメージを持つ神道的な考え方があります。私は、ライアーがそういう役割を果たすのではないかと思っています。世界中でライアーの音を響かせたら、何か素晴らしいことが起こるようにイメージしています。どうでしょうか。

アンドレアス　それは本当だと思います。

石井　それを聞いて、ますます頑張ろうと思います。ライアーについて、これからのヴィジョンとして、アンドレアスさんはどんなことを考えていますか。

アンドレアス　この地球上に、もっともっと必要だと思っています。世の中の人は携帯電話に夢中になっていて、ひどい状態だと思います。本物の音が必要だと思います。ライアーは、シンプルな木に、シンプルな弦が張ってあるだけなのに、真の音を伝えることができる。これこそ、私たちの未来に必要なんじゃないかと思います。

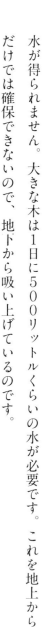

石井 今、携帯電話の話が出ましたが、携帯電話の音も電磁波です。そしてスピーカーは、この100年間で全く形が変わっていないそうです。円錐形のコーンです。

アンドレアス 私には、常用している、特別なサウンドシステムがあります。それは一般のスピーカーとは全然違います。

石井 そのスピーカーは、音を出すところがどういう形になっていますか。

アンドレアス 幾何学的な形をしています。

石井 表面は平面ですか。

アンドレアス 立体的です。そこから出る波形は、ボールみたいな波形です。もう、そのスピーカーからの音でないと、からだが受け付けないです。

石井 素晴らしいことを教えていただいて、ありがとうございます。日本にも、田口スピーカーという有名なスピーカーがあるんですよ。海外でイベントをやるときも、そのスピーカーを運んでいくのですが、それは平面なんです。平面スピーカーといって、遠くに音を飛ばすのにいいんです。

僕は、以前、イベント会場によく行っていて、スピーカーの大音量がつらくてしようがなかった。からだが壊れるかと思いました。

それが、ある会場で、立ち見することになり、うっかりスピーカーの前に立ってしまったんですが、そんなにつらくなかった。円錐形のスピーカーより、平面のスピーカーのほうが、からだにいいことは、直感でわかっていたんですが、後で聞いたら、それが田口スピーカーだったんですよ。ヒカルランドの、このスタジオは田口スピーカーの社長さんが設計してくれたのです。田口スピーカーの、このスタジオは田口スピーカーが、球面波スピーカーです。

自然界の音は、バーンと鳴ると360度分散するので、それを再現したのが球面波スピーカーです。これで聴いていると、疲れないどころか、元気になります。

もしかしたら、アンドレアスさんのスピーカーは、これよりすごいんじゃないですか。

アンドレアス　うちにあるスピーカーも、やっぱり球体のサウンドウェーブです。例えば、森を散歩しているときに、50メートル先の鳥のさえずりが聴こえたとします。すごく遠くからの声なのに、綺麗にはっきりと聴こえます。でも、同じ音を、同じ音量でスピーカーから流しても、何も聴こえないのです。それはスピーカーの波形と鳥の声の波形が全く違うからです。

ナチユワシユワンダーという人は、大きな会場でも、鳥のさえずりがはっきりと聴こえるようにするにはいったいどうしたらいいんだろうと研究して、このスピーカーをつくったのだそうです。

小さな鳥の喉がどうなっているのかは、わかりませんが、遠くからでも、本当にはっきり聴こえますよね。その鳴き声を、スピーカーで再現するのは非常に難しいところを、実現したのがナチュワシュワンダーというスピーカーです。

アカシャ　そのスピーカーには、聴覚を修復する機能があるそうです。アンドレアスは、木槌でライアーの形成をするときの音をあまりにも浴びすぎたため、耳が聴こえにくくなり、虫の声などの高い音が聴こえませんでした。それが、毎日、そのスピーカーで音を聴いているうちに、聴き取れるようになったそうです。

石井　ここにあるスピーカーも、話し声はそのままだし、鳥の声もそのままみたいに聴こえます。でも、距離感まで感じられるかどうかは、わかりませんでした。距離感が聴き分けられるのには、びっくりしました。

アンドレアス　距離感というか、位置の違いを聴き分けることができます。録音するときに、例えば、5人が部屋の違う位置に立って歌っていたとすると、どこにどの声の人が立っているのか、その声のする方角がわかります。音波が圧縮されていないからです。

石井　すごい話をうかがえました。ライアーの音も、再現する音も、本当に健康に寄与するものでないといけないと思っていますので、その考え方がアンドレアスさんにもちゃんとあるということがわかり、本当によかったです。

　僕も含めて、日本にも、ライアーのファンがどんどん増えています。これから、忙し過ぎて申し訳ないくらい、ライアーの注文が行くと思います。健康に気をつけて、いつまでも元気で、バリバリつくってください。

アンドレアス　いろんなことをお話しできて、非常におもしろかったです。ありがとうございます。

石井　こちらこそ、刺激に満ちたお話、ありがとうございます。近いうちにぜひ日本に来てほしいです。

アンドレアス　このコロナが抜ければ。

石井　抜けたら、真っ先に来てください。楽しみに待っています。

今日は、すてきなお話をいろいろありがとうございます。これは本に掲載するのですが、問題はないでしょうか。

アンドレアス　問題ないです。どんな本になるか、楽しみにしています。

ライアーの歴史

ライアーは、一般的に「竪琴」を意味するドイツ語です。ライアーの原型となった竪琴の起源は古く、リラ、キタラとよばれた楽器が古代ギリシャ時代に存在し、さらに紀元前5000年のシュメール人の出土品にも見ることができます。リラは、小ぶりでシンプルな楽器で、そこから発展し、リラより複雑なつくりで、演奏専門の楽人が使ったとされるのがキタラです。古代ギリシャの始まりには諸説ありますが、紀元前3000年から2500年頃と言われています。

ギリシャの工人が遺した壺絵には優れた美術作品が多く、その歴史を知る上で貴重な資料となっていますが、ギリシャ神話の描かれた壺絵にも竪琴が出てきます。この時代には、竪琴は精神世界、医療、教育において非常に重要な役割を担っていたと思われます。現在の音楽を意味するミュージック、美術館・博物館を意味するミュージアムは、ギリシャ神話の詩と音楽の女神、ムーサ（Mousa）に由来します。ヘシオドスの『神統記』によれば、9人姉妹の女神ムーサたちは、芸術や学問など幅広い文芸分野を司り、中でも竪琴を持っていたとされるムーサ2神は、合唱・舞踏、独唱歌を司っていました。

またギリシャ神話では、オリンポス12神の一人であるヘルメスが、亀の甲羅と牛の腸で初めて竪琴（リラ）をつくったと言われています。ヘルメスの演奏を聴いた兄である神アポロンは、その音の美しさに感動し、リラを譲ってもらい、アポロンの子オルフェウスに受け継がれ、それが天に昇って琴座になったとも言われています。

https://www.wikiwand.com/ja/ムーサ

古代ギリシャでこれほど発達したと思われるリラ、キタラは、この後、後継のエジプトのハープ族に押されて廃れていきます。

弦楽器の基本4種は、今日でも楽器分類の基本となっていて、リラ族、ハープ族、リュート族、チター族があります。それぞれ弦の張り方が違います。

当時のリラ族の構造は、共鳴胴から2本の柱がほぼ並行に延び、先端付近でその2本を直角に結ぶ梁が渡され、胴から弦が張られる形でした。後継のハープ族は、L字型やJ字型の共鳴胴（音響胴）が棹《さお》と一体化したものを斜めに構えて、弾いて鳴らす弦楽器だったと思われます。

リラ族はアフリカにその末裔を遺しつつ、ユーラシア大陸からは滅びてしまいます。


古代エジプト人は、音楽を「魂の医者」と呼んでいたと言われていますが、旧約聖書の中にも古代ヘブライ人は音楽を心身両面の傷害を癒すのに用いたという一節が見られます。

なぜ、リラ族の楽器が衰退してしまったのでしょうか？　これは推測ではありますが、古代ギリシャにおいてのリラ、キタラの役割は、音色よりも振動、波動を感じるために使われていたのかもしれません。楽器の構造からしても、小さな音だったように思われます。その後、華やかに音を奏でるハープ族が出現し、そのメロディーや調べに

紀元前５世紀に器に描かれた神アポロンと亀の甲羅でできたリラ
参考　Wikipedia 古代ギリシアの音楽

魅了される人々が増えていき、ハープ族が主流となっていったのではないでしょうか。

世界中の数々の弦楽器の歴史の中で、最古の楽器とされるリラ。これがライアーの原型と言われています。リラは衰退した後も、なぜか音楽の象徴として、そのデザインが使われてきました。

現在のライアーは、まだ誕生して１００年ほどではありますが、「静けさを聴く」楽器として発展しました。これは古代人の感性が蘇った奇跡の楽器と言えるかもしれません。

文・錦織万里子／ニシキオリマリ⌐　編集者、ライター
本名の中村佳子では、兵庫県音楽療法士・公認心理師として活躍中

参考資料
「世界の民族楽器」若林忠宏著　東京堂出版
「新しい音楽療法」篠田知璋監修　日野原重明ほか著　音楽之友社

こうして日本に
ライアーが広まっていった

アカシャとソウルサウンドライアー

石井（以下――） アカシャさんのアカシャとはどういう意味ですか。

アカシャ 「アカシャ」は、虚空蔵《こくうぞう》菩薩の「虚空」を意味しています。宇宙のように限りがないという意味で、サンスクリット語名の、アーカーシャ・ガールバのアーカーシャからいただきました。私の屋号であり、活動名でもあります。ライアーの音は、宇宙とつながる音だと思っています。

この活動を始めた当初の屋号は、「癒しの森」といいました。根っこでつながって支えあっている森の木のように、さまざまな癒しのツールを持ち寄った仲間が集まる場になることを意図して名付けました。

当時は、ライアーの名称も、ソウルサウンドライアーではなくて、ヒーリングライアーと呼んでいたんです。アンドレアスは、もともと、楽譜を見て曲を奏でる演奏用のライアーをつくっていました。でも、次第に、ヒーリングと瞑想に特化したライアーに専念するようになりましたので、これらの2つの目的意識の異なるライアーを、明瞭に区別するために、ヒーリングライアーという名前を付けました。

それからしばらくすると、巷《ちまた》にヒーリングという言葉が溢れだしました。すると、なんだかヒーリングライアーと呼ぶことで、このライアーの本来の使命が、かえって限定されてしまうような気がしました。それで、魂を震わせるような音のライアーだから、「ソウルサウンドライアー」と呼ぶことにしました。ライアーを自分で生みだした方や、オーダーして迎えてくれた方のことを、「ソウルサウンドファミリー」、魂の響きの家族と呼んでいましたので、この名称がしっくりきました。そのときに、屋号も「癒しの森」の「癒し」から卒業して、本当に名乗りたかった「アカシャ」を名乗らせていただくようになったのです。

――ライアーとはどんな風に出会いましたか?

アカシャ　ライアーとの出会いは、シュタイナーの幼児教育からです。娘を入園させるに当たり、本でいろんな育児方法を調べていました。その中にシュタイナーとモンテッソーリという幼児教育があって、私はシュタイナーのほうに惹かれたので、それを取り入れている幼稚園に通わせることにしたのです。そこで、初めてライアーに出会いました。

――幼稚園にあったライアーは、アンドレアスさんのつくったライアーではないのですね。

アカシャ　違いました。最初に出会ったのは、共鳴箱のあるタイプの演奏用のライアーでした。それとは別に、キンダーハープという、子どもたちが5歳になったら弾くことができるライアーが、幼稚園で使われていました。キンダーハープは、一枚の木をくり抜いてつくったものとか、接いだ場合もあるのですけれども、共鳴箱はありません。

――ソウルサウンドライアーのような形ですね。

アカシャ　そうです。アンドレアスがつくるキンダーハープも、同じ形です。私は、ずっと楽器を奏でてみたいと思っていました。子どもの頃にピアノは習いましたが、続かなかったので、何かできる楽器がないかな、と思っていたのです。そこで、ライアーを習いはじめました。

――箱型のライアーですか。

アカシャ　そうです。最初は箱型のライアーを弾いていました。当時は、箱型のライアーの存在しか知りませんでした。何人かで曲を合わせる練習をしていました。「せーの！」で息を合わせて奏でていました。それはそれで、とても楽しい世界でした。

私が最初に聞いたライアーの音は、池末みゆきさんが奏でる音でした。魂が喜んでいるような気がしました。

「わあ、ライアーの音って、癒される。私も、いつかこんな音を奏でたいな」

と思ったのが、ライアーの音との初めての出会いでした。そうして、池末さんの元に、ライアーを習いに毎月通いはじめました。

ところが、実際に奏でてみると、手元を見たり、楽譜を見たり、その曲を覚えたりするので、思考が忙しく働きます。そのため、瞑想しているときや、ヒーリングしているときのような感覚のままで奏でることはできませんでした。これは、100年かかっても、私には無理だな、と思いました。

その頃、娘が5歳になりました。シュタイナー教育では、5歳になったら、子どもたちがキンダーハープに触れることが許されます。3年保育の幼稚園では、3歳と4歳の子どもたちは、触らせてはもらえなくて、お兄ちゃんやお姉ちゃん、先生が弾いているのを見ています。それが、5歳になるとようやく弾けるのです。そこで、娘が5歳になったばかりのクリスマスプレゼントに、キンダーハープをお願いしたのが、アンドレアスのライアーとの初めての出会いです。

友人が、手彫りのライアー写真の載った、一枚のチラシをくれたのです。1枚板を削ってある様子がわかりました。私は木が大好きなので、最初にこれを知っていたら、自分のライアーにしたかったな、と思いました。でも、自分のライアーはもう持っていたので、娘のためにつくってほしいと、アンドレアスに頼みました。

——結構大きいのをプレゼントしたんですか。

アカシャ　小さいです。7弦の小さなライアーでした。サンタクロースから届きました。

アンドレアスのライアーの音は癒しの音

娘が小学校に入る年に、私は京都に引っ越しました。そこでアクシデントがあって、キンダーハープの弦が1本切れてしまいました。弦を注文するために、もう一度、アンドレアスの連絡先を探し出して、連絡をとりました。そのとき、もう少し大きな32弦のライアーについて質問したのです。

私は、自分がとても木が好きで、美しい木目のライアーが欲しいと思っていることを伝えました。すると、アンドレアスは、

「あなたの娘さんのライアーのイメージがわいたよ」

と言いました。

「特別な癒しのエネルギーの日に伐ったサクラの木の、最後の1枚の板が残っているから、それでつくるね」と言って、娘のためのソプラノライアーを生み出してくれたのです。そのライアーに使われた材は、１９８７年の12月20日、日曜日の午後4時に、アンドレアスが、木こりに頼んで伐り倒してもらったサクラの木でした。同じときに、トネリコと、カエデも1本ずつ伐ったそうです。その日は、新月でした。そのうえ、水星、土星、冥王星がコンジャンクショ

ンを起こしていました。つまり、月と太陽と3つの惑星が出会う日だったのです。届いた、そのライアーの音色は、それまで持っていた私の箱型のライアーの音とは全く違っていました。

それからしばらくして、母が亡くなりました。母を天界に送るのに、私は、自分のライアーを奏でてみましたが、音が響きすぎて、ちっとも癒されませんでした。それで、娘のライアーを借りて奏でてみたら、心と魂に染み透るように音が響きました。アンドレアスのライアーだと本当に癒される。この音こそが癒しの音だなと思ったのです。

それからは、ライアーの練習会で、アンドレアスのライアーを、よく奏でるようになりました。すると、自分も同じライアーが欲しいという人が現れ出したので、彼に制作をお願いするようになりました。

タオライアーがやってきた

アカシャ　2008年の夏のある日、アンドレアスが、

「あなたは忙しそうだけれども、ヒーリングと瞑想に特化したライアーがあって、タオライアーというのだけれど、そういうライアーをあなたが弾いてみませんか」

というメールをくれました。私は、先ほど話したように、演奏用のライアーには限界を感じ

ていて、１００年経っても、思うようなエネルギーでは奏でられないと思っていたので、まだ、見たこともなく、音を聴いてもいないのに、

「そんな自由なライアーがあるのなら、それは私のだ」と思いました。

「ぜひそれが欲しいです。今すぐではありませんが、お金の用意ができたらオーダーをお願いします」と返事しました。

そのメッセージをポンと送信した瞬間に、

「この人、このライアーを私に送ってくるな」と思いました（笑）。

そうしたら、それから２週間くらいして、

「今すぐにはできないけれども、できたら送るね。お金はいつでもいいから」とありました。

それで、私は、クリスマスくらいに来たらいいなと思いました。

その年の12月。クリスマス前に、私は円満に夫と別れました。貯金を半分に分けましたら、ちょうどタオライアーが購入できる金額が手元に残りましたので、早速、

「お金の用意ができたけれども、私のタオライアーはどうなりましたか」というメッセージを送りました。すると、

「もう、できているよ。クリスマスの後、聖なる12日を一緒に過ごしたら送るつもりだった」

という返事がありました。

そのタオライアーが私の元にやってきたのは、２００９年の1月のことでした。受け取ったとき、お月様のエネルギーを感じたので、ルナと名づけました。ルナとは、スペイン語で月の意味です。卒婚して、独りになったことだし、私はこのライアーと一緒に生きていくのだ！このライアーが私のパートナーだと、強く思いました。

初めてソウルサウンドライアーに触れたとき、石井さんが「すごーい」と思われたのと、きっと同じくらいの感動がありました。そして、

「こんなすごいものがあることを、私は人に伝えたい」と思ったのです。

当時、私はホメオパシーを学びながら、ホメオパシー出版からの依頼で、専門書を翻訳する仕事をしていました。非常にマニアックで興味深い『スピリチュアル・マテリア・メディアカ』という本を訳していました。でも、翻訳の仕事は、日がな一日、原書やパソコンや辞書と向き合っているので、ほとんど誰にも会えません。このライアーの音を人に伝えるためには、翻訳の仕事を辞めて、外に出ようと思いました。そして、マヤの新年から、外に出ることに決めました。

すると、ちょうど7月26日、つまりマヤの新年に、演奏用のライアーの仲間たちから、ボランティアで、奈良の介護施設に慰問に行くという話が舞い込んできました。私は、一緒に行かせてもらうことにしました。その後、そのとき訳していた本を最後に、翻訳業からも、本当に

卒業しました。

ライアーの波動で地球を包む

アカシャ　タオライアーを受け取ったとき、私はこれを、一人でも多くの人に伝えたい。この調和の波動で地球をすっぽり包みたいと思いました。

例えばトップダウンの企業ですと、社長がイエスと言えば、音楽ルームというか、音の部屋みたいなスペースができて、そこに、この音が響いていれば、ストレスを感じた社員さんも、その部屋で音の振動に触れるだけで、元の整った状態に戻るきっかけになるのにと思いました。ヒカルランドさんには、まさしく、そんなスペースができましたね！

でも、まず取り組みはじめたのは、今、この地球に下りてくる子どもたちが、自分たちの魂が決めてきたことを遂行できるようにするために、これからお母さんになる人とか、お母さんと小さな子どもたちとのことを先にやろう！　と思って、そちらから始めました。自分の子どもが、まだ小さかったこともあったと思います。池末みゆきさんを隔月にお招きして、子どもと大人のために、ライアー教室や、手遊びの学びの会を開いていました。そこで学んだことを、いまも幼稚園や、音楽教室で実践している方もいます。

そんな集まりから、だんだん、自分もライアーを持ちたいという人が増えてきて、ライアーを自分で生み出すワークショップを主催して、アンドレアスを日本に招き、全国を回るようになりました。彼によると、地球を3周するぐらい車で回ったそうです。

そして、ライアー制作とは両輪を成す、音の響きのワークショップを開催してきました。音は、宇宙空間に満ちあふれていて、耳には聴こえない音も振動として既に存在しています。

静寂の中に潜んでいる音の振動にこそ、とても大切な何かがあります。それを体感して、その音の空間に、自分という存在を通して、何らかの音を加えるのか、加えないのか。本当は何もしなくてもいいのかもしれないけど、加えるとしたらどういう音を加えて、周りと共鳴していくのか。それを、さまざまな体験から、感じてもらうのが、通称「そらほし」とよんでいるワークショップです。「宇宙《そら》の音　地球《ほし》の声」といいます。当初は「癒しの音」とよんでいました。コロナ禍になるまでは、各地で、年に何度も開催してきました。ライアーを奏でる方はもとより、全ての方に体験していただきたい内容です。

子どもたちとの音遊びも、もっとしたいですね。2021年には、本拠地のアカシャで数回のほか、山中湖と、こちらのヒカルランドさん、そして、高知でも開催できました。2022年も、また、各地で開催したいと思っています。

アンドレアスとは魂の兄妹

――アンドレアスさんとは、最初はいつ会いましたか。

アカシャ　初来日は２０１０年の５月です。コロナで来日できなくなるまでの10年間、毎年来ていました。全部で50回ぐらいになるでしょうか。最初の頃は、年に1度か2度でしたが、多い年には10回ぐらい来日しました。ドイツで、ライアーの材の準備をしなければならないので、準備するために戻ってはまた来るみたいな感じでした。1年の半分近く日本にいたこともありました。

――そんなにいたのですか。どこで暮らしていたの？

アカシャ　ほとんど旅に出て各地を回っていました。

――大きな車を持っていましたね。

アカシャ　ホワイトドラゴンと名づけた車に乗っていました。

――それで各地を回ったのですね。

アカシャ　今朝、全部、走馬灯のように、さまざまなことが思い出されました。そして、腑に落ちたことがありました。日本に広めたいというのは私の意志だったのだなあと。アンドレアスは、大地に根差した生活がしたかったはずなのに、旅人である私に、10年間も付き合ってくれていたのだなと思いました。彼の役割は、ライアーを生み出すことであって、世に広める担当ではなかったのだと思いました。彼は、職人です。ライアーの命を生み出す人です。私は、宇宙に響いている音を受け取って、それを世に広めたいと思いました。彼は、私が受け取った音を、ライアーの形にして、この地球上に存在させてくれました。私は、ライアーを奏でることが大好きですが、決して、ライアーを生み出す職人になろうとは思いません。私たち二人の役割分担は、この点で完璧だったのです。

私は、日本に十分広めたら、次は、世界にも伝えたいと思っていました。何しろ、この音の響きで、地球をすっぽり包みたいのですから。アメリカ、香港には伝えはじめていました。次は、いよいよアンドレアスのお膝元であるドイツから、車でヨーロッパを回ろうと、本気で思っていました。父を看取《みと》り、娘が大学に進学して独立したら、拠点をドイツに移してもよいと思っていたほどです。

ところが、現実は、そうはなりませんでした。2020年の春、コロナ禍によって世界が分断され、海外への渡航がままならなくなったこともありますが、それ以前に、私たち二人のパートナーシップにも、変化がありました。お互いを、ツインソウルであり、人生の伴侶《はんりょ》のように思って活動していましたが、あるときから描く未来が、重ならなくなっていきました。

どうやら、二人の魂が約束してきた、この3次元の地球で、共に取り組む学びの課題が終わったようでした。二人で行動する必要性や、お互いが一緒にいたいという気持ちが、いつのまにか薄れていきました。ちょうどそのタイミングで、国境も閉じられたのです。

アンドレアスは、ドイツにゆっくりと腰を落ち着けて、好きな養蜂をしたり、野菜を育てたりしながら、ライアーを生み出す生活に戻りました。

私は、京都のアカシャを拠点に、宇宙とつながる音と声の神髄の世界を、自分なりに伝え続けています。それまでは、ライアーを生み出すワークショップはもちろんのこと、「そらほし」も、アンドレアスがいないとできないし、彼とでないとやりたくない、と思っていました。ところが、それは思考からの判断で、現実はそうではありませんでした。

現在は、私が単独で、そのときに取り組みたい仲間と、共同創造することを楽しんでいます。いまも国内の旅は続けています。また自由に海外に渡航できるようになったら、ライアーを携えて、導かれるところへと旅する生活が戻ってくるでしょう。

新たなご縁も生まれ、これからの展開がとても楽しみです。なんの制約も制限もない関係性です。そのことが好きで、やりたいという意思がある者同士が、お互いの得意な分野を持ち寄る共同創造は心地よいです。もう、何一つ無理することがなくなりました。

アンドレアスは、ドイツから、これまでと変わりなく応援してくれていますし、私も彼を応援していいます。彼は、最初に出会ったとき、私のことを、「やっと出会えたソウルシスター（魂の妹）」と呼びました。本当にその通りだと思います。遠く離れていても、お互いをサポートしあう関係性は、これからも続いていくでしょう。彼は、宇宙の叡智をたくさん知っている宇宙の兄のようです。でも、地球生活においては、私のほうが姉かもしれません。（笑）

宇宙の法則

アカシャ　私には、人が感じていることを察知する感覚があります。なんとなく、相手の気持ちや、からだの状態が伝わってきます。ですから、それに反しないことしか言わないし、しないように生きていました。人の思惑を、ものすごく気にして生きていました。とにかく、調和が好きなので、自分が、不協和音にならないように、気を付けて、気を遣って生きていました。けれども、音は、真実しか伝えません。ライアーの音の真実の波動の中にいると、自分も真実でしかいられないので、いつのまにか、思ったら、そのままを口に出すようになりました。それで、誰かが何かを思っても、気にならなくなりました。それが、私の真実なのですから。

昔は、相手にノーと言うことができませんでしたから、何にでもイエスと言っていました。問題を起こしたくないので。自分の中で折り合いをつけてしまうのです。ところが、どうにも折り合いがつかないような状態になってしまい、生まれて初めて、自分のためにノーと言えたのが、離婚のときだったのです。いまも夫にはとても感謝しています。私がノーと言わざるを得ない状況をつくる役回りを引き受けてくれた、魂の朋友だと思っています。

――かなりドラスチックですね。ライアーが人生を変えるのですね。

アカシャ　そうですね。そんな風に「私」自身を生き出してから、変わりました。もうライアーというか、「音」から離れることはないでしょうね。私にはこの道しかないと思います。

好きなことをして、周りの方に喜ばれ、「ありがとう」と言って差し出してくださるものをいただいて、生きている。好きなことが仕事になっていて、生き甲斐にもなっていて、それで生かされている。ごく普通の私が、このように生きていることが、誰でも、好きなことをして生きることを選べるという、実例になれたらいいなと思います。特別である必要はなく、ただ、自分がそうすると決めれば、誰にでもできることなのです。

ごく普通の私に、もし、普通のレベルではないことがあるとしたら、それは、宇宙への信頼がものすごく強いことかもしれません。揺るぎない、絶対的な信頼です。「必要なことは、必要なときに全て揃っている」のが宇宙の法則です。何が起きても、たとえそれが、最悪に思えたとしても、それは、そのときに必要な最善なのです。そこまでのことが起きないと、自分が気づけなかっただけなのです。

編集者　ライアーというのは、宇宙とつながっちゃいますね。

――弾いていると、どこかの次元に旅しているみたいになる。

編集者　取り憑《つ》かれているのかなと周りは思いますね。大丈夫かと最初、思ったくらいでした。

――邪霊に取り憑かれているかもしれない。

アカシャ　ライアーの神様に見込まれてしまいましたね（笑）。

きっと、いま、石井さんが、地球上で一番、ライアーを弾かれていると思いますね。アンドレアスは、この2年、ほとんど弾いていないと思います。日本に来ていたときは、ワークショップもあるので、奏でていましたが。自分はつくる人で、自分の指は職人の指なので、ライアーの弦をうまく扱えないと言います。

――僕も、ライアーの弦を1本1本となったら、気が狂っちゃいますよ。だって、間が細いんです。1本1本弾ける人はすごいですよ。

編集者　1本1本弾けるんですか。

アカシャ　もちろんです。

――僕は弾けない。目をつぶって適当に弾いているだけ。何も見てない（笑）。取り憑かれている。

アカシャ　石井さんが弾いているのを拝見していると、過去世でも、絶対に今と同じように、弾いていらしたのだろうと思います。

――ジプシーがそうだというから、僕はジプシーだったのかなと思った（笑）。自由に弾くのが自分らしい。いいメロディーになる。

アカシャ 自由に、好きなように奏でていて、素晴らしい世界に行けたときに、それを再現したいと思った人が、一生懸命思い出して楽譜に起こしたというのが、作曲の始まりなんじゃないかなと私は思うのですね。だから、再現性のない、一期一会のこの音が、連れていってくれるのは、別次元なんです。

――採譜できたのはバッハくらいからですね。その前はないのだから。

アカシャ 昔は、多分、異次元とつながるツールとして使っていたのだろうなと。

――今の僕みたいに、憑かれたように弾いていたんだと思う。残ってないからわからないけど、今は音をそのまま録音できるからね。

でも、すごい人は、でたらめに弾いたものでも採譜できるってね。一回聴いちゃうと、できる人がいる。

アカシャ 石井さんのような弾き方の採譜は無理なのではと思いますが（笑）。

――10本の指で10本の弦を弾いているから、どうやって採譜するんだと思うのです。

アカシャ それは難しい。でも、すごい天才だと、一音一音が聴こえれば、それを譜に起こせ

ると は思います。

――アンドレアスさんにも質問したけど、ライアーと関わって、人生が変わったと。

アカシャ 自分自身が変わりましたし、皆さんが、本当にしたいことをするようになって、輝いていくのをたくさん見せていただきました。

――目の当たりにしたのですね。その数たるや、大変な数だと思います。人生が変わらない人はいないんじゃないですか。

アカシャ 「でも」とか「だって」とか、「こんなこと、私にはできないわ」と言う方や、「おカネがないからできない」などとなっている場合は、思考に支配されていて、それをなかなか変えられません。ライアーを迎えるのにも、時間がかかります。一方、魂の声に耳を傾けた人はどんどん変わっていきますね。ブロックは自分で外さないと外れない。私には、こんなのがありますよというツールを示すことができるだけです。

録音と音について

――アカシャさんのCD「Akasha Song」も、ここにあるスピーカーで再現したら、いい音で聴けますよ。

アカシャ　そうですね。再現するスピーカーによって、CDの音は全く変わりますよね。できれば、なるべくいい音で、生に近い音を聴いていただきたいです。

でも、実は、あのCDは、音が多すぎると思っています。いまは、もっと奏でる音が少なくなりました。

コロナ禍になる前は、ライアーのCDをつくるつもりが全くありませんでした。ライアーの音を電子音で再現するのは不可能だと思っていましたから。それが、コロナ禍で、みなさんから、ブログに掲載しているライアーのサンプル音を、「一日に何度もリピートして聴いて癒されています」というようなメッセージをたくさんいただくようになり、私の意識が変わりました。録音した音が、お役に立つなら、よりよいものをつくろうと思いました。

CDをつくって2ヶ月後ぐらいに、突然、下腹部の激痛に襲われました。痛みで吐いてしまうので、水も飲めないような状態が続きました。痛みのさなかに、ライアーの音が聴きたいと思って、娘にライアーのCDをかけてもらったのです。ところが、「何これ！　うるさい」と思いました。音が、多すぎました。

私が元気なときには、心地よく響く音も、しんどいとき、辛いときには、うるさく感じられたのです。音が多すぎるし、早すぎると思いました。もっと静かな音、もっと少ない音で、ゆっくり奏でないと、具合の悪い人には、全く寄り添えないということがわかりました。実際に、具合の悪い人のために奏でるのと、CDの録音のために奏でたものとでは、もともと状況も違いますけれども。

そこで、私がどうしたかというと、ライアーを持ってきてもらって、耳をライアーにつけて、たった一音の低めの音を、ブーンと奏でて、その響きの中にいる。それだけで心地よかったのです。ウッと唸っても気持ちよくはなりませんから、「アー」とライアーの音のように、自分にその声を響かせるようにしました。

内観して、感情も解放しました。ホメオパシーのレメディーや、呼吸法など、自分でできることを総動員しました。びわの葉温灸や、生姜湿布という昔ながらのお手当てと半身浴で、痛みはずいぶん緩和されました。

痛みが治まるまでの6日間、食事は摂れず、水さえも飲めませんでした。でも、以前に、不食のジャスムヒーンさんのダークルームというワークショップに参加して、真っ暗闇の中で10日間の断食を体験していたので、食べなくても、飲まなくても、からだの声を聴いていればよいことがわかっていました。動物も、具合が悪いときには、餌を食べませんよね。完治したときには、薬による抑圧がありませんから、それはもう、爽快でした。

――アンドレアスさんは、そういう断食もやっているのですか。

アカシャ　彼も、不食のことは知っています。食事にはとても気をつけていますし、お薬は摂りません。でも、断食はしていないと思います。ベジタリアン、菜食です。調理されたものは死んでいると言って、ほとんど生食です。ハチミツが好きですが、白砂糖は摂りません。なるべく湧き水を飲んでいます。私も、水はなるべく汲みにいきます。

――これ、井戸水です。この水で、病気の症状が結構治っているという実例があります。それで、医学界から嫌われています。水で病気を治すなんて、許せない。ライアーで治すのも許せないけれど、水はもっと許せない。

アカシャ　10年前ですと、ライアーの音の効用を伝えようとして表に出たら、バッシングを受け、社会から抹殺されるかもしれないと思っていました。ホメオパシーがそのような憂き目に何度もあっていますし。真実こそが叩かれ、潰されることが多い世の中です。今でこそ、波動や音の効能が当たり前に、語られるようになりました。でも、昔は、そうではなかったので、葬られないように、目立たないように、草の根運動でやってきました。もう表に出ても大丈夫ですね。

――10年を超えましたね。素晴らしいですね。本には、音もつけたいですね。

アカシャ　はい。ぜひ、音源があると良いと思っています。それに写真があると、読者のみなさんにも、音のイメージが伝わりやすいかなと思っています。

奇跡の出会いがありまして。「一瞬の中に永遠を宿す」写真作家の桐野伴秋さんに、この本のための撮影をしていただいています。彼の写真からは、音が聴こえてくるので驚きました。写真と音のコラボレーションで、どんな本が生まれるのか、いまから、私も楽しみです。

音を整えるとからだが整う
ソウルサウンドライアーの調弦方法

ソウルサウンドライアーの木は、呼吸しているので、環境の変化に敏感です。奏でる前には、その場で、必ず調弦しましょう。一音一音、静かに心を落ち着けて音に集中する時間は、自分を整える時間にもなります。音はからだにも伝わりますので、ライアーの音が整ったときには、自分も整っていると思って、やってみてください。

ソウルサウンドライアーの音は、ほとんどの場合、2000年の世界ライアー大会で定められたA＝432ヘルツの音にチューナーを設定して調弦します。ソルフェジオの音階の音を含むライアーは例外になります。ライアーには、全て、調弦表が付属していますので、確認して調弦してください。

調弦するときには、自分の利き手にハンマーを持ち、もう一方の手で調整したい弦の音を奏でます。このとき、弦にどのような角度で指が触れるかによって、音の響きが変わります。指の角度に注意して、調弦のときから心地よい音を響かせてください。決してはじかず、一音奏でた指は、隣の弦に着地しているのが基本です。指の角度については、ソウルサウンドライアーの奏で方の項や、動画を参考にしてください。

調弦には両手を使いますので、手でライアーを固定しなくても、ライアーが動かない環境をまず用意することから始めましょう。

利き手で持ったハンマーを、ピンにさします。このとき、ハンマーを手で操作するのではなく、ハンマーが自然にピンに被さるようにするのがコツです。帽子を被せるようなイメージです。操作すると、不完全に斜めにささることがあります。その状態でハンマーを回すと、テコの原理で、ピンが曲がったり、折れたりする場合があるので、気をつけましょう。チューナーはハンマーに取り付けることができます。ライアーのどこかに取り付けてもよいです。振動で周波数をとります。

音を出すときは、なるべく力を抜いて、チューナーの反応が出る最低限の強さで弦に触れます。力を入れて、大きな音を響かせていると、指が痛くなりますし、響く音も心地よいものではありません。

ピンは、左回転（反時計回り）で締まり、右回転（時計回り）で緩みます。一般的なネジとは逆回転ですので、間違えないようにしてください。

チューナーの表示を見ながら、ハンマーを操作しますが、そのとき、音も聴いてください。

目的の音よりも、実際の音が、

低い場合：左回転にハンマーを回して、ピンを締めると音が高くなります。

高い場合：右回転にハンマーを回して、ピンを緩めると音が低くなります。

チューナーはときどき似た波長の別の音（5度違う音など）を表示する場合がありますので、それにつられてハンマーを回しすぎないように注意してください。通常、いったん音が安定したライアーは、微細に調整するだけでよいので、ピンをぐるぐる回す必要はありません。特に、音を高くする方向にピンを回し過ぎると、弦が切れるので注意してください。

ハンマーでピンを回すと、ライアーの本体とピンが擦れ、摩擦で次第にピン穴は大きくなります。ですから、なるべくピンの動きを最低限にするように心がけ、微細に微細に動かして調弦する習慣をつけましょう。

大胆にハンマーを動かして調弦していると、ピンが緩んで、音が安定しないライアーになってしまいます。修復は可能ですが、ライアーにとってはよい状況ではありませんから気をつけてください。

ライアーの調弦方法　動画

ソウルサウンドライアーの奏で方

ライアーの音を、よい音で響かせるためには、いくつかのコツがあります。

1）まず、一番大切なのは、自分がリラックスして奏でることです。自分の状況が全部音に反映すると思ってください。からだが緩んでいること。気がかりがない状態をつくること。深い呼吸を意識することがとても大切です。

2）そして次にライアーの音を整えることです。奏でる前には必ず調弦をしましょう。
木は呼吸しているので、ライアーが置かれた環境の変化に反応して、弦が伸縮し、常に音も変わります。音が狂ったまま奏でていると、調和したエネルギーを届けることができません。たとえ演奏中でも、狂ってしまった音に気づいたら、手をとめて、音を合わせて、再スタートするぐらいの勇気をもっていただきたいと思っています。

音を奏でる前の調弦の時間は、音を通して自分を整える時間でもあります。ひとつひとつ音が整うたびに、自分も整っていくイメージで、ぜひ、習慣にしてください。

3）次に大切なのは、弦に触れる指と弦の角度によって、音が変わるということを認識することです。指と弦の微細な角度の変化によって、全く音が違うので、実際に自分で、いろんな角度で弦に指をあてて、音を出してみて、最もよく響く角度でいつも弦に触れられるように、慣れておくとよいと思います。

基本は、奏でる手の親指が弦と並行になる向きにすることです。弦に触れる指と弦の角度（親指と奏でる指の角度がこれに同じになる）は、30度ぐらいにするとよいです。

4）指の角度は正しくても、指がピンと突っ張って、力が入っている状態と、やわらかく緩んでいる状態では、出てくる音の響きが全く違います。手のひらに光の玉を持っている、または、手のひらで自分の頭の丸みを感じてみるなどして、丸いイメージで奏でることを推奨しています。

5）次に、1つの指で1本の弦に触れ、一音をゆったりと響かせてみましょう。指ではじくのではなく、指にからだの重さを預け、力は抜いて、弦がするっと指から抜ける感じで、隣の弦に移動します。最初に触れた弦が振動しているのを、隣の弦で待つようにすると、その間、音がずっと響いているのがわかります。一音一音丁寧に音が響くのが確認できたら、指を動かすスピードを早めてみましょう。流れるような音になります。

基本は、一音一音を大切にということを覚えておきましょう。

6）指先だけで奏でると、指先の音になります。小手先という言葉がありますが、小手先の音になるのはもったいないので、からだ全体で音を奏でているイメージを持つようにしましょう。例えば、重たい引き戸を開けるときに、腕だけではなく、背中から、からだ全体を使って、動かすようなイメージをしてみてください。背中から動きはじめ、腕が動き、最後に指が動く、そんな感じです。肩甲骨から羽が生えていて、その羽を動かすようにしてみましょうとお伝えすることもあります。自分の背後の見えない世界の気配をも動かす感じです。

7）さて、ここまでできたら、今度は意識を呼吸にも向けてみましょう。

試しに、しばらく息を止めて奏でてみましょう。自分も苦しいですが、音も響かないし、そのような音を聴いている相手の人が苦しくなってしまいます。次に、ゆったりした深い呼吸をしながら奏でてみましょう。音は先ほどよりも、心地よく、ゆったりと響くと思います。

音を奏でるときには、自分自身が、ゆったりとした呼吸をしていることが、とても大切なことなのです。緊張すると、呼吸を忘れてしまうとか、音を奏でながら呼吸を意識するのが難しいという方は、小さく声を出しながら奏でてみるとよいと思います。

8）ライアーの音は繊細です。大きな音を響かせようとすると、力が入ってしまう方が多いです。初心者の方は、指先に水膨れをつくります。力で弾くと、指が痛いですし、耳にも痛い音になり、突き刺さる感じがします。奏でていて、指が痛くなる場合は、力が入り過ぎています。それは間違っていると思ってください。ライアーの音を響かせるのに、力はいりません。

9）ライアーの音を、豊かに響かせるためには、これまでに述べてきた全てのポイントを踏まえたうえで、最後にもうひとつ大切なのが、意識です。

例えば、自分の意識が目の前のライアーのところにあれば、音は、そこに留まります。意識を広げて、部屋の隅まで広げていけば、音も部屋の隅まで届くでしょう。さあ、それでは、自分の意識を、地球の真ん中まで深くしっかりとグラウンディングさせて、それから、好きなところまで、できるならば宇宙空間まで広げてみましょう。音は、あなたの意識と共に大きくどこまでも広がっていくことでしょう。

これが、ライアーの音を豊かに響かせるために必要なことです。

ただし、これらのことと同時に、自分の肉体や精神を心地よい状態に整えておくことが必要なのは言うまでもありません。頭が痛いとか、腰が痛いとか、気がかりのあるときには、まず、自分の不具合のあるところに向けて音を響かせるということもできます。

特に、第三者のために奏でるような場合には、自分に気がかりのない状況を整えてから、奏でるようにしましょう。気がかりができたら、いったん整えてから、また、やりなおせばよいだけです。完璧を求めすぎる必要はありません。

ソウルサウンドライアーの奏で方　動画

全てのきっかけ
池末みゆきさんへの
インタビュー

私が初めて出会ったライアーの音は、池末みゆきさんの音でした。みゆきさんは、日本にライアーを伝えたグループのお一人でした。
みゆきさんに、ライアーがどんな風に日本にやってきたのか、お話をうかがいました。

アカシャ　ライアーとの出会いについて教えてください。

池末　1981年のことです。シュタイナーをテーマにしたヨーロッパへの旅に1ヶ月間招待してもらいました。シュツットガルトでリコーダーの演奏をするのが条件で、前半が音楽、後半が教育分野を目的とした旅でした。リコーダーの演奏を一緒にする音楽家と5人で出かけました。練習のため、皆が集まれる大きめの部屋に滞在しながらの旅で、おかげさまで演奏会も大成功でした。
　その旅で訪れた、スイスのアーレスハイムにあるルカスクリニックという音楽療法の現場で、初めてライアーに出会ったのです。でも、そのときは、ライアーは楽器というより治療の道具として認識していました。実際に、セラピストと患者さんが向かいあって、二人がそれぞれにライアーを持って、問いかけに応えるかのように、音を出すのを見学しました。そのとき使われていたライアーは、ゲルトナー社のライアーでした。二人が交互に音を出すのを見ていて、末期がんの患者さんが、こういう治療を受けられたらどんなによいだろう、と思いました。

「何か質問はありますか?」と聞かれたときに、「実際に入院する費用はどの程度かかるのですか?」と聞いたほど、具体的に知りたくなりました。「外国人には保険がきかないから無理でしょう」と言われました。ただし、ドイツの施設やヨーロッパのシュタイナーの病院では保険がきくところもあるので、リーズナブルに治療を受けられるとも教えてもらいました。

その頃、治療音楽のフィント・アイゼン先生が、「シュタイナーの治療教育」という名目で、初めて大量のゲルトナー社のライアーを持って来日されました。私は、当時、日本でシュタイナー教育研究会の芸術部門の講師をしており、他の音楽もいろいろやっていたので、何もライアーのことを知らないのに、触ったこともないのに、最初に先生が調弦した楽器の音を、ポーンとはじいて出すというお手伝いをしました。先生は、その音に、全部のライアーの音を合わせていかれました。

「宇宙と音とからだの部位とのつながり」のお話をたくさんなさいました。合宿形式で何泊かするような講座でしたが、最後のお別れのときに、先生がバッハを演奏されたのです。そのとき初めて、「え?　これって演奏できるんだ」と驚き、「あら、それなら私もやりたい」と思ったのです。でも、そのとき先生が持参された楽器はとても高額だった上に、あっという間に全部完売してしまいました。

ゲルトナー社のアルトライアーを奏でる池末みゆきさん　Photo by KIRINO TOMOAKI

Photo by KIRINO TOMOAKI

アカシャ　どんな人が参加されていたのですか？

池末　はっきり覚えていないけれど、いわゆるシュタイナーの第一次ブームで、日本人智学協会を創られたシュタイナー研究の第一人者、高橋巖先生のもとに集まっていた方々が30人ぐらいはいらしたでしょうか。人智学に興味がある人たちでした。ライアーを知らないのに購入した方も多かったと思います。

当時のゲルトナー・ライアーは、まだ日本向けの仕様ではなかったので、日本の湿気の多い気候に合わず、接着したところがよく剝がれたりしました。その後、ゲルトナー社で、日本向けのライアーができるようになり、コロイ社ができるようになり、日本の湿度変化にも対応できるライアーができるようになっていきました。

アカシャ　その最初の集まりは、お話にあった旅に出られた後のことだったんですね？

池末　すぐ後だったと思います。旅に出て帰ってきたら、高橋巖先生の奥さんであった、高橋弘子さんにお声がけいただき、「ジングシュピール」という子どもの音楽劇とか、さまざまなドイツのお話やメルヘンを直訳したものを、私が意訳して、『七羽のカラス』『おおきなカブ』『いばら姫』などのお話に、歌と動きをつけて、日本の子どもたちに教えるという仕事を引き受けました。

そして、教育講座では、子どもではなくて、大人を対象にそれを教える役割をいただきました。それで、東京、京都、神戸で行われていた、その講座のために、高橋巖先生ご夫妻と共に旅することになりました。自分では受講料を払わずに、講師料をいただきながら、勉強できたのはとても有難いことでした。

アカシャ　その講座の中でライアーを使われたりしていたのですか？

池末　いえいえ全然。まだ日本にライアーはなかったのです。最初に購入されたライアーはありましたが、それがどうなっていたのかも、わかりませんでした。

アカシャ　すると、その後日本にライアーがやってくるまでには、どういう道のりがあったのでしょうか？

池末　その3年後ぐらいのことです。色彩画家のダニエル・モローさんが絵の展示会を日本で初めて大々的にされたときに、英語で日常会話ができて、車の運転ができる人という条件に応募して、1ヶ月ぐらい、ダニエルさんと都内を回り、「シュタイナーの絵画療法」という講座を、またまた無料で受けることができたのです。そのときに描いた絵が、ここにもいくつかあります（お部屋の壁に飾られている絵を見せていただく）。とにかく音楽より先に、絵画のほうをダニエルさんから学ぶことができたのです。

それで、最後に空港まで送ったときに、すごく感謝されて、翌年の春に、ドイツのユーバリンゲンのシュタイナー学校で、世界的なシュタイナーの絵画療法の講座があるときに招待したい。講座の前後は、自分のアトリエに好きなだけ滞在してよいというご招待を受けて、結構長く滞在させてもらいました。秘書のクンツェさんが、素敵な女性で、ひと月ぐらい一緒に過ごさせていただきました。

キャンプヒル[注1]で実習したいと思っていたので、そのとき、初めて訪れたのです。前にドイツを訪れたときに、見学だけはしたことがありました。英語で実習できるかと思って行ってみました。すると「1年ドイツ語を学んで、ドイツ語でコミュニケーションがとれるようになってから来なさい。そうしたら僕のクラスで受け入れます」と、トーマスさんという担任の先生に言われました。

子どもたちとコミュニケーションができるぐらいのドイツ語ができるようになってから来いと言われたので、必死になって、二人の個人レッスンにつきました。ドイツ語で何を言っているかがだいたいわかり、挨拶やコミュニケーションがとれるようになってから、再びキャンプヒルに行きました。50を過ぎてからの手習いでした。

アカシャ　そして二度目に、ドイツ語を学んで実習に行かれたときに、何かがあったのですね？

池末　その実習生として行ったときに、このライアーの力を見せつけられました。キャンプヒルでは、週に一度、子どもたちのために音楽療法が行われていました。使われていたのは、やはりゲルトナー・ライアーでした。そのとき、演奏を聴く機会もありました。

アカシャ　療法としては、先生と子どもが一人ずつ楽器を持って行われたのですか？

池末　数人のこともあるし、一人ずつのこともあるし、演奏を聴くときは、もちろん何人かが聴いていました。だけど、これはただものではないな、と思って、この楽器は売っているのかと聞いたら、近くにゲルトナーの工房があるよと教えてもらいました。

もうひとつ、アンドレアス・レーマンという人が、変わった楽器をつくっているけれども行く？　と聞かれました。だから、アンドレアスにはそのとき出会っているのです。キンダーハープを買ってきました。ゲルトナーの会社からは小さい楽器を買いました。

でも、日本にライアーの先生はいませんでした。研究会があり、集まって練習しているみたいよと教えてもらいました。後に、ドイツのライアー教師スザンネ・ハインツさんの『ライアー演奏の入門』という教則本を訳された泉本さんたちがやっていたグループに入りました。ただ、そのときはライアーも440ヘルツを基調にしていましたし、楽譜もないので、リコーダーの楽譜を使っていました。弾き方も他の指で支えたり、一度鳴らした音を止めたりはせずに、はじいて弾いていたかもしれません。

でも、何かが違うと思いはじめ、誰かがドイツに行ってしっかり勉強してくるべきだということになり、みんなで、泉本さんをドイツに送りだしました。そして横浜と東京でまとまって、試行錯誤していた15人の仲間たちが、毎夏、応援しにドイツに行きました。

私も、55歳の夏に、初めてドイツの夏のセミナーに参加しました。泉本さんは、スザンネさんのところに、しばらく滞在していました。私たちがセミナーに行くときには、ヨーロッパ中から、先生を集めてくれていました。最初に行ったときが運命の分かれ道だったと思うのですが、泉本さんに「もうお年寄りだけれど、素晴らしい先生がいて、一人だけなら面倒をみると言っているので、受けてみない？　みんなにうらやましがられるだろうけれど、池末さんは、みなさんより年長だし、どう？」と言われ、振り込みも全て済ませて、横浜の幼稚園の園長をしていた当時のお給料とボーナスを全部つぎ込んで行きました。

ミュンヘンの空港に着くと、迎えにきていたスザンネさんが、私に近づいてきて「シャーデ（困った）」と言いました。「あなたの先生が病気になって、もう教えることができない」と言われました。結局そのままお亡くなりになったのです。「でもみんなで相談して誰かが面倒をみるから心配しないで」と言われました。その先生は、そこに集まっていたライアーの先生みんなの先生だったので、誰もが自分がやるといってくれました。

アカシャ　研修はどれぐらいの期間あったのですか？

池末　1週間。朝から晩までありました。午前中はみんなで一緒に受けて、午後は個人研修でした。通訳をつける場合は、さらに費用がかかるので、通訳が必要な人は、経済的に厳しくて、あまりたくさんレッスンを受けられなかったのです。私は英語で受けることができましたし、いろんな先生の空き時間に潜り込むことができました。寝る暇もないぐらいレッスンを受けました。ライアーの歴史や、治療にどんな風に使われるのかを話してくれる人もいました。

逆に、私がわらべ歌や、ハンガリーで勉強したコダーイシステムの話をしたりしたこともあり、すごく面白かったです。素晴らしいおばあちゃま先生の講座を受け損なったおかげで、めちゃくちゃラッキーな講座を受けることができました。それから何年かは、毎夏続けてドイツに行きました。

アカシャ　何人もの方々から、ライアーの歴史と叡智が、先生に伝わることになったのですね。

池末　盗んでこい、というようなものでしたね。

アカシャ　それは、そのあと先生に、そのことをみなさんに伝えるお役目があったからですね。

池末　そうですよね。スケールが大事といって、音階ばかりやらせる先生がいるかと思うと、即興演奏が絶対必要だと、そればっかりさせる人もいました。結局、自分がコレと思うと、向こうの人って、頑固なのですね。自分はコレをやりたいと。だから、私の場合は、いろんな人のいいところを取っているかな、と思います。それぞれのいいところがいっぱいあるし。「化石」のような先生もいました。

アカシャ　化石⁉　ですか？

池末　みんなが化石だと言っていました。シュタイナーが生きていたときのままのような。素晴らしい先生でした。すぐに亡くなられましたけれど。その化石の先生と出会えたことも有り難かったです。

アカシャ　その化石の先生は、どんなことをお伝えになったのですか？

池末　もう、ライアーたるものこうあるべき！　ピシーッという感じでした。それこそ、いまの日本のみなさんが、チューニングをいい加減にしているのを知ったら、怒り心頭だと思います。まずチューニングが大事。

アカシャ　一番大切なのが、チューニングですよね。

池末　自分のからだもチューニングできるからね。

アカシャ　もともと治療に使われていたことを語られた先生もいらしたとおっしゃっていましたが、どういうお話を聞かれましたか？

池末　4つのエレメントですね。私がよくお伝えしている、地水火風。肉体とエーテル体[注2]と、血液やリンパ液という水の部分と、呼吸の風の部分を利用して、それを治療に使うのです。

アカシャ　それは、音ですか？　奏で方もですか？　もう少し教えていただけますか？

池末　音と奏で方です。地水火風の地は、子どもたちとは、楽器を叩いて音を出したり、和音でドンドンドンと実際に音を出したりします。特に私は、昇ってしまいやすいので、グラウンディング[注3]が必要なのです。楽器を出すと、まず和音をしっかりやります。それで、肉体そのものがグラウンディングできるのです。

水は、自分自身の血液やリンパ液の流れがよくなるように、1本の指を使って、綺麗に綺麗に弾いていきます。

火はエネルギーだから、いきなりウワーッとは音は出さないで、徐々に徐々に。最終的には、そのエネルギーをしっかり。エネルギーがなくなって、もう何もしたくない、というような人たちが、最終的には、何かができるようになるように、徐々に導くとか。

風は、呼吸です。だから、必ず呼吸を意識します。吸って吐く。その動作です。タオライアーでもできますね。そういうことを、コロイのライアーか、ゲルトナーのライアーでやっていましたね。

アカシャ　そこから演奏のほうへ？

池末　ライアーを弾いている人たちというのは、みんな音楽家でした。だから、治療家と音楽家は違っていました。

音楽家の人たちは、『シュピールグーフ』という赤い難しい本があって、かなり高度な楽譜を、講座で勉強させられました。ドイツに行くたびに、いきなりとんでもない難しい楽譜を渡されて、明日までに弾けるようにといわれ、練習していました。学びに行くことができたのは、ほとんどみんな音楽をやっていた人たちだからです。

練習では、よく、動いたりもしました。日本人は、よくアンドレアスがするような後ろ向きに動いてみるワークなどでも、ぶつからないのに、向こうの人はすぐぶつかっていました。

２０００年に初めてライアーの世界大会があって、そこで初めて、ライアーの調弦に４３２ヘルツを使うことが決められました。ハンブルクだったかな。そのとき日本人がかなりたくさん参加していました。

でも、向こうで「ヨリンデルとユリンゲル」という難曲を演奏したのは、最初からやっていた15人でした。後にシュタイナーの音楽教育の第一人者のブラスさんが、「あのときの演奏はとても評判がよかった」と言っていました。ほとんど全部が音楽の先生だったので、とてもまとまっていました。

ソプラノ、アルトのパートに分かれて弾いていました。そこからライアー響会が立ち上げられました。私も最初は関わっていましたが、年齢的にもみなさんとは離れていたし、人混みが苦手になったことを理由に離れました。そして、その頃から、ライアーを習いたい人がぽちぽち出てきて、スザンネさんの教則本を、みんなで弾いてみたりして。それを使って教えはじめました。

アカシャ　阿蘇に引っ越されてからは、ソロの演奏を始められたのですよね？

池末　みんなで分けて弾いていたのを、一人で全部弾く練習をしました。アイルランドに行ったときに3曲を一人で弾けたので、それをきっかけに翌年招待されました。そしたら、楽譜もいらなくなりました。

アカシャ　みゆき先生にとってライアーはどんなものですか？

池末　なんなのでしょうね。レムリア期[注4]から弾いているそうです。精神科医の越智啓子さんにいわせると。

アカシャ　私も、そういわれたことがあります。レムリア時代から弾いていると。

池末　だから、出会うべくして出会った楽器だと思います。最後に出会った楽器でしょ。ピアノ、オルガン、リコーダー、ヴィオラダガンバ[注5]、最後にライアー。

アカシャ　私は先生のライアーの音を聴いて、本当に魂が震えたのがきっかけでライアーを始めましたから。

桐野　アカシャさんのライアーの音はどうですか？

アカシャ　私は、楽曲の演奏はもうしていないので。

池末　彼女のライアーは、いわゆる一般的なライアーではないですからね。レーマンさんが頼まれてつくった特別なものですよ。日本で広めたのは彼女だから。きっかけをつくったのは私かもしれないけどね。きっかけつくっちゃったから、責任あるかなと思って、今回もお話しさせていただいたのですけれどもね。

アカシャ　最後に、ライアーを伝えるというか、教えておられるときに、一番大切にされていることは、何ですか？

池末　ひとつの音です。ひとつの音の響きです。

アカシャ　貴重なお話をうかがうことができました。有難うございました。

池末みゆき（いけすえ みゆき）

ライアー演奏家、幼稚園教諭・園長として、40年近く幼児教育に携わる。ハンガリーで学んだコダーイシステムと、ドイツで学んだシュタイナー教育を融合し、音楽を通じた、独自の幼児教育を実践し、後進にも指導してきた。スイスの音楽療法の現場で出会ったライアーを日本に紹介したメンバーの一人でもある。魂にしみいるような演奏は、奇跡と評され、国内はもとより、海外からもコンサートの依頼が後を絶たず、祈りと癒しに満ちた演奏活動を続けている。待望の著書「和のライゲン」「音楽する喜びと私が長年育んできた音楽教育」が2022年3月に刊行された。

注

注1）キャンプヒル：シュタイナーが提唱した人智学に基づく社会活動で、学習障がい、精神的な障がいを持つ人と、健常者が農業、料理、工芸などを通じて共同生活を行う場。

注2）エーテル体：幽体ともよばれ、肉体に最も近いエネルギーの層のこと。生命体ともいう。

注3）グラウンディング：大地に根を張るように肉体を意識し、実際に体の部分を床などにしっかりとつけ、大地とのつながりを感じること。

注4）レムリア：現在のインド洋近辺または太平洋にあったとされる、幻の古代大陸で栄えた超古代文明。50万年前から2億年以上前と諸説ある。

注5）ヴィオラダガンバ：16世紀から18世紀にかけてヨーロッパで用いられた擦弦楽器。

めったに聞けない
ソウルサウンドライアー
誕生秘話

ライアーが生まれるまで：ソルフェジオ

アカシャ　アンドレアスは、「こういう楽器をつくってください」と頼まれて、初めてつくります。自分で考えてつくるわけではなくて、誰かからリクエストがあると、それを形にすることができるのです。

例えば、タオの音階という概念はシュタイナーが伝えており、その音をライアーで表現してほしいと頼まれたことからタオライアーが生まれました。

その次に生まれたガイアは、ベルリンにいたドクターが、タオはレミラシだから、ドファソの組み合わせで、ライアーをつくってくれないか、と頼んだことから生まれました。

私が、アンドレアスに最初にリクエストしたのは、ソルフェジオの音階をライアーにして欲しいというものでした。ソルフェジオの音階は、アンドレアスが持ってきてくれた音叉《おんさ》の音で知りました。でも、音叉では、からだにつけると響きが止まり、からだにはあまり響きません。それで、ライアーをつくってほしいと頼みました。

彼は、チューニングする必要のない、コラムというパイプ状の楽器をつくってくれました。コーンと鐘のように鳴らす金属の打楽器です。でも、それもからだには、ほとんど響きが伝わりません。やっぱりライアーが要ると粘って、2年ぐらい、ずっと頼み続けて、ようやくソルフェジオのライアーが2012年の夏に生まれました。

初代のソルフェジオには、いまの純粋なソルフェジオ音階の他に、倍音がありました。それも低いほうに2オクターブ、全部で3オクターブの構成にしてありましたので、とても大きなライアーでした。こたつテーブルくらいの大きさがありました。

その中で私が特に好きな響きが、愛の周波数といわれる528ヘルツの音と、それをグラウンディングさせる396ヘルツの2つの倍音でした。それらを一緒に弾くのが、あまりにも心地いいので、森の中で奏でたくなり、外に持ち出しやすいように、この2音だけのライアーをつくってもらいました。そうして生まれたのが、ピッコロでした。ピッコロの2つの音はパーフェクトハーモニー、つまり5度の調和の関係性でした。だから心地がよかったのです。2022年になって、このピッコロは、モデルチェンジして、ソングオブガイアというライアーに生まれ変わりました。

石井（以下――）　5度というのは、意味がわからない。

アカシャ　完全に調和する音の響きのことです。よく学校などで、ピアノを、ド、ミ、ソ、ジャーンと弾いたりしますけれど、この中の「ド」と「ソ」という音は、音は違いますが、波形が似ているのです。だから、心地よく響きます。ドレミファソとドから順に数えるとソは5番目の音になります。そういう関係を5度の音といいます。

――そういうことまでわかってやっているから、すごいね。

アカシャ　わからないけど、感覚です。後から5度だったとわかりました。5度だからつくろうじゃなくて、心地よかったら、5度だったのです。

編集者　ライアーは何種類くらいあるのですか。

アカシャ　種類としては、7種類です。アンドレアスは、もともと自分は、7種類のライアーを生み出すことになっていると言っていたのです。タオライアー&スターシード、ガイア、ステラ、ラーナ、ドルフィン、ソルフェジオ、ハートソング。このように分けると7種類になります。このそれぞれに、大きさや弦の数が違うものが存在するので、全部で16モデルになります。

――タオとスターシードは同じではないの？

アカシャ　同じタオの音階の仲間です。タオはレミラシが4オクターブ。スターシードは、シミ・ラレの5度の組み合わせでそれぞれ4オクターブ。使われている弦は全く同じですが、響きの世界観が違います。

――よくわからないけど（笑）。

シリウス星とスターシード　星の約束

アカシャ　スターシードの誕生にも、エピソードがあります。「エジプトとシリウス星の音を下ろしてください」とアンドレアスに頼んだのです。

――何というびっくりな発注ですか。意味がわからない。

アカシャ　シリウス星につながる音が欲しいとお願いしたのです。

編集者　それでわかっちゃうのですか。

アカシャ　わからないから、生まれてくるまでに、時間がかかりました。

オーダーから2年ほどして、ようやく形になったのがドルフィンでした。でも、ドルフィンの音は、アンドレアスが受け取った音ではなくて、世界中を旅している音楽家で、いろんな先住民の音を知っている友人から、

「こういう音階があるから、ライアーにしてみたら?」と教えてもらった音でした。

実は、そのとき、新しいライアーの制作にあたり、私から、もうひとつ頼んでいたことがありました。それは、「高い音から奏でても、低い音から奏でても、音が美しく響くようにして欲しい」ということでした。

あるとき、弦に指が触れる方向によって、響く音が微妙に違うことに気づいたからです。従来のライアーですと、低い音から高い音に向かって弾く場合はよいのですが、逆方向に奏でるときも、美しい音を響かせたいと思ったので、そういう構造をお願いしました。

そのリクエストを踏まえて誕生したのが、ドルフィンでした。ライアーの中央が低い音になるように設計されたのは、初めてのことでした。ピアノも含めた弦楽器で、中央の弦が太くて長いというのは、例をみないと思います。中央が低音になると、左右のテンションの差が少なくなり、楽器が安定して、音が狂いにくいし、音の響きも丸みを帯びて美しいという、思ってもみなかった相乗効果が得られました。ただし、ドルフィンの音は、中央から左右の全部の音を同時に出すと、不調和にも聴こえますが。

―― 調和しないこともあると聞いて、驚いちゃった。全部調和していると思って弾いているのに。

アカシャ　でも、それが宇宙ですよ。本当は不調和なんて、ないのかもしれません。さまざまな音が同時に存在していますから。自然界に、音は混在しています。私に聴こえる音に対する好みがあるだけです。宇宙空間にはいろんな音が存在しています。石井さんの耳のほうが宇宙的なのかもしれませんね。

私は、微細な音の違いも聴き分けてしまうから、その音は、そこでは聴きたくない、というようなことがよくあります。例えば、オーケストラが、開演前にチューニングしますよね。すると、微妙に狂っている音が聴き分けられてしまうのです。あの音、狂っていると思ってしまう。他の人のライアーの音が狂っているのも、すぐにわかります。

話が逸れましたが、ドルフィンが生まれて、初めて奏でてみたときに、「あ、タオライアーを、これと同じように真ん中を低い音にして、左右に音が分かれていく構造にしてもらったらいいんだ。そうすれば、シュタイナーが伝えていた5度の世界観のタオの音が聴ける」と思いついたのです。ヨルダンの砂漠で、夕陽をみながら奏でていたときのことでした。その場ですぐに、頼みました。その後、間もなく、リクエスト通りのライアーが生まれました。それが、スターシードです。２０１７年の秋に生まれました。

私にとって、スターシードの音、特に右側のラレと高い音から低い音へと奏でる音は、星とつながる音なのです。もうそれだけで宇宙を感じますし、自分が調整されていくのがわかります。これがシリウス星とつながる音かもしれないと思っています（笑）。エネルギーの不調和を感じたときにも、この音を響かせれば、すぐ調和の世界に戻ることができます。

もし、この地球に生まれてくる前に、光の世界で、アンドレアスと交わしていた魂の約束があったとしたら、それは「スターシードの音をこの世に下ろすことだった」のではないかと思いました。スターシードがこの世に誕生してしばらくしてから、なんとなく、もう、約束は果たしたな！　と感じたことがありました。

純正律と432ヘルツ
そしてソルフェジオ

周波数と調律の話

石井（以下――） 先ほど、不協和音の話になりましたが、芸大の玉木宏樹先生は、中央線の電車のホームにいるだけでいろんな不協和音が聴こえてきて、気持ち悪くて仕方がなかったそうです。彼は、バイオリンの先生でしたが、ロンドン・フィルまで行って、ロンドン・フィルを全部、純正律にして演奏させてきたというレジェンドです。『純正律は世界を救う』という本まで書いた。先生は亡くなりましたが、奥様と事務の方が引き継いでいるんですよ。この間行ってきて、音源をいっぱいもらってきました。純正律と432ヘルツは非常に調和するんだそうです。

アカシャ 私は、音楽理論を学んだことがありませんので、経験したことからしかわからないですけれども、タオライアーは、純正律を使うも使わないも影響のない音の組み合わせのライアーなんです。波形が似た音同士なので、どの音も調和の関係にあります。432ヘルツの調弦と純正律は、直接関係がありません。

―― どういう意味ですか。わからない。

アカシャ 私が理解している範囲での説明になりますが、432ヘルツで調律するというのは、まず、432ヘルツの音を基準の「ラ」の音に定めて、他の音を決めるということなんです。

1ヘルツというのは1秒に1度揺れる音の振動のことです。432ヘルツというのは、1秒間に432回振幅するということです。私たちが調律するときには、例えばドレミファソラシドという8つの音の中で、タオだったら、レミラシの4つの音が必要なのですが、その中のラを432ヘルツに決めたら、自動的にレもミもシもそれぞれの周波数が決まります。他の音は432ヘルツではありません。それぞれの振幅数が当てはまります。

――純正律とは何ですか。

アカシャ　ドレミファソラシドのドからドまでの1オクターブを12等分して、それぞれの音を決めるのが、一般に使われている平均律です。純正律は、平均的に音の間隔を分けるのではなくて、基本になる音を決めてから、その音と響きがよくなるように、波長を感じながら、他の音を決めていく方法です。それぞれの音と音の幅が微妙にずれていくので、1オクターブ上の音とは、きっちり重なりません。そのため、基調になる音を変える場合は、全ての音を変えなければならなくなります。

――432ヘルツで調律しているギタリストはいますか？

アカシャ　それは、432ヘルツをラの音にして、ほかの音をチューニングすれば可能です。基準はラの音です。ギター以外の楽器でも可能です。私は、ピアノも432ヘルツに調整してあります。ラを基準にする調律には当てはまらないのがソルフェジオの音階です。

ソルフェジオの周波数について

ソルフェジオの音階の一番低い音は396ヘルツです。「ウトゥ」とよばれ、現在のドの音が生まれる以前には、この音がドの音として存在していたそうです。続いて417ヘルツ。次の528ヘルツは「愛の周波数」といわれている音です。続いて639ヘルツ。次の741ヘルツが喉のチャクラで、852ヘルツまでの6音です。私たちは、ソルフェジオを6音とする説を採用していますが、これより低い音や高い音も加えている説もあります。また、それぞれに対応するチャクラがあるともいわれています。

ソルフェジオの音は、隣の音との差が111ヘルツです。つまり、1つ飛ばすと222ヘルツ、2つ飛ばすと333ヘルツの音の差を感じられます。それらの周波数の差を感じることに、意味があるように思います。

このことは、たまたまアメリカの展示会にブース出展していたときに、ライアーの体験に来てくれた方が、ソルフェジオの音を研究している方で、教えてくださいました。そのとき、私もたまたま、それまで一度も外に持ち出したことのないソルフェジオを、アメリカまで連れていっていたのです。その話を聴くためでした。私は、いつも、ソルフェジオの音を1つ飛ばしたり、2つ飛ばしたりして奏でていたのです。周波数の差のことを知り、腑に落ちました。

ソウルサウンドライアーと共に歩んで オーナーさんの体験談

レムリアの調べ

兵庫県・西明石　パラレルワールド／ワイタハジャパン　中谷淳子

私とアカシャさんが出会ったのは、東北の震災があった2011年のこと。震災後に、アメリカからブリージングワークの講師であるトレーシーが、被災地の方々を呼吸でケアしようとボランティアで来日したのがきっかけだった。私はトレーシーと被災地を回るトレーナーになる勉強を始めた。その過程でアカシャさんに出会い、ライアーのことを知った。

しばらくして、もう一人の呼吸法講師のデイブが来日し、自分で作ったばかりのライアーを携えて我が家を訪れ、呼吸法のセッションを施してくれた。私の感情はすぐに解放され、締めに彼がライアーを私の背中に載せて奏でてくれたとたん、その音は私の体に心地よく響き、振動が骨まで届いた。暫《しばら》くその振動に身を委ねていると、突然私の肩甲骨に天使の羽が生えてくるのが見えた。羽は、やがて全開になり、それと同時に私のハートも広がった。そして大粒の涙が自然にあふれ出てきた。ライアーの振動が私の背中のブロックを解き放ってくれたようだった。その瞬間、私は、ライアーを制作しよう！　と決めたのだった。

ところが、制作ワークショップに参加する2日前になって、突然、腰の痛みに襲われた。人生初のギックリ腰だった。治療を受けて、なんとか参加にこぎつけた。他の人より早く会場に着いたので、ライアーを見て回った。そして、すぐにこれが「私のライアー!!」だと目が止まった。選んだのはタオライアーで、色が少し濃くて、サクラの木の根っこに近い材だということだった。自分のライアーが早々に決まると、今度は別のライアーにも目がいった。「これは何？？」と思っていると、私の右手が勝手に動き出し、そのライアーをヒーリングし始めた。そして最後にエネルギーを注入した。タオとは形も違い、白い木だった。それはステラで、ちょうど1つ余っていた。でも、既に自分のタオを決めていた私は、ステラに変更する気にはなれず、かといって高価なものなので、2つ作るという選択もできなかった。けれども、自分のエネルギーを入れたライアーが、誰か知らない人の手に渡るのも嫌だなと思った。ステラは天使の羽のような形をしていて、その音色も軽く、まるで天女が舞い降りてくるような音だった。そこで、私は天使にお願いした。「このステラを作ってあげるから、その代わりにその分のお金を運んできてほしい！」と。

そして、私はタオライアーの制作に取りかかったた。4日間で全ての面を彫っていく作業は、腰への負担が大きかった。余計な力を使わないために、おしゃべりせずに黙々と彫り続けたので、まるで修業のようだった。けれど、最終日に弦を張り、その音色を聴くと私の疲れは一気に吹き飛んだ！　ライアーに息吹を吹き込んだ瞬間だった。それ以降、私のタオライアーは、ブリージングセッションで共に働いてくれるパートナーになった。ブリージングでは、クライアントは多くのものを放出する。それらをライアーの音色が一気に変換したり、ハートや感情に優しく語りかけたりして、波動を高めてくれるのだ。

それからほどなくして、ライアー制作が北海道の洞爺湖であると聞いた。前々から行きたいと思っていた場所なので参加することにした。そして、タイミングよく必要なお金もめぐって来た。そう、天使からのオーダーを拒む理由がなくなったのだ。ところが、ワークショップ初日の夜、何だか寒気がしてきた。翌日になっても悪寒は続き、からだがだるかった。熱があるのか？　これはまたしても浄化が起きているのか？　と思いながらガタガタ震える体で作業を続けた。ステラはカエデの木なので、サクラのタオよりも固くて、彫るのには力が必要だった。一度彫り始めたので後にも退けず、だるい体には力が入らず、ここでもまた、修業のようだった。終了時間が過ぎても、毎晩深夜まで彫り続け、何とか最終日に仕上げることが出来た。いわゆる生みの苦しみを味わった後に生まれたステラは、洞爺湖の凛としたエネルギーを携えて、高貴な感じさえした。

こうして、二つのライアーが私の所にやってきた。タオは骨によく響くので人に対するヒーリングに、ステラは高音なので、外で自然や動物、そして精霊や亡くなられた方に対して弾いたりしている。実際に外で弾くと鳥がよく反応し、まるで音色と会話をしているようだ。私にとってライアー制作は、ただ単に物を制作するのではなく、正に自分と向き合い浄化していく作業だった。奏でるのはライアーの弦だけれど、自分の心も体も一緒にそれと振動し、音の一部になっていく、その為の浄化であり、奥深い時間。そんな貴重な機会を与えてくれたアカシャさんとアンドレアスに感謝している。

最後に、出来上がったライアーを持って京田辺のアカシャに行き、何人かでライアーを響き合わせた時に、倍音が聴こえたてきた。それは実際に弦を弾いた音が響きあって発生してくるもう一つの音だった。その音が聴こえたときに、昔の記憶が蘇ってきた。それは、以前サモア島に行き古代のピラミッドがあった場所に行った時の事。ピラミッドがあった丘に向かう途中、林の両脇にレムリアのシスターたちが何人か立っていた。彼女たちは香炉を焚きながら歌を歌い、私を迎え入れてくれた。ライアーの倍音はその時の音と同じだった。古代からその音は大地に響き、聴くものを癒してきたのだろう。そして、私たちが忘れてしまった故郷を思い出させるために、ライアーとして現代に蘇ってきたように思う。地球が必要としている音をもう一度奏でるために。

絶望の淵から、愛と平安の真実の世界へ

東京都　一般社団法人日本レムリアンハープ協会代表理事　秋吉まり子

ニコニコと心から楽しんで、仲間たちとソウルサウンドライアーを奏でている私をご覧になったことのある方は、私がパニック障害と鬱《うつ》病で、精神科に入院する一歩手前だったことがあるなんて、きっと、想像も出来ないことでしょう。

そんな私の人生を180度変えてくれたのは、間違いなくソウルサウンドライアーでした。

2016年3月天秤座の満月、あまりにひどい精神状態の私を心配した妹が、半ば無理矢理、気分転換にと連れて行ってくれた屋久島で、私は、この楽器に出逢ったのです。同じ宿にたまたま泊まっていた、ライアー奏者の里宇《りう》さやかさんが、にこやかに奏でたその響きは、その場の空気を一変させました。

その瞬間「これ！　私の楽器！　どこで手に入れられるの？」と叫んでいました。そして、その3ヶ月後、2016年6月21日夏至の日に浜松で開催された、ライアー制作のワークショ

ップで、1台目のライアーとなる、クチナシの花を彫り込んだ『安（あん）』と名付けた「ステラ」を生み出していました。

そして、その美しい高音の響きと不協和音がなく、間違えることのない安心感の中、それからの約2ヶ月の間、昼となく夜となくほぼ毎日、奏で続けていました。この美しい響きが続いている間は、思考が止まり自分を責める声がピタリと止んだのです。

どんなセラピーを受けても、どんなお薬を飲んでも、止まることのない絶望感と自己嫌悪！後悔と懺悔《ざんげ》の無限ループが！　この楽器を奏でていると、それこそ次元の違う暖かい感覚の中で、久しぶりに深い呼吸をして身体が緩むのを感じられたのです。

奏で続けて2ヶ月が過ぎた頃、ふと、「あれ？　私、そんなに悪い人じゃないんじゃない？」と、思えるようになっていました。絶望感と自己嫌悪！　後悔と懺悔の思考の波動をだしている時には、私の目に入るのは、ダメな自分の証拠になるようなものばかり。ところが、「悪い人じゃない！」と思った日から、その証拠になるようなものばかりが目につくようになったんです。これは、本当に面白い体験でした。

周りの状況は変わっていないのに、私は、私が少し好きになり始めました。私を好きになった私は、出会った人は、きっと、私を好ましく思うに違いない！　と思うようになりました。すると、本当に、会う方会う方、親切で優しくて！　応援してくれて！　そんな方たちに喜んで貰《もら》いたくて、自分に出来ることを一生懸命に考えて、一生懸命に行動するようになりました。そして、いつの間にか、毎月２回の自宅での演奏会を初め、年間２００回以上のイベント、神社の奉納演奏、セラピー！　リトリート！　スピリチュアルツアー！　さらに２０１８年から２０１９年にかけては８か国９回の海外での演奏に出かけるようにもなりました。プライベートでも、ライアーを通じて、魂の相手と思える心から愛する人と出逢い、結婚。困難も二人で乗り越えて、裏も表もすべて丸ごと愛し愛される生活を始めることが出来ました。

２０１９年からは、ソウルサウンドライアーを持った方々が、より楽しくライアーとの生活を送れるように！　と、教室をスタート。２０２１年７月には、一般社団法人 日本レムリアンハープ協会を立ち上げオリジナルのライアー「レムリアンハープ エオリアル」と「クオリアル」を発表。ソウルサウンドライアーとレムリアンハープを奏でる方々が幸せになるためのマインドセットの〝基礎講座〟もスタートしました。

今、こうして書いてみると、元引きこもりの主婦が、本当にずいぶん変わったなぁと思います。でも実は、基本的なことは、何も変わっていないのです。

私の中には、もともとたくさんの響き、つまり可能性があったのだと思います。でも、自己否定や自己嫌悪の波動のせいで、その響きが聴こえなくなっていたのだと思います。自分を、そのまま丸ごと愛することが出来るようになると、失敗は豊かな経験に変わり、後悔は深い学びとなりました。不安さえも、確かな成長への足掛かりであると感じられるようになりました。どうやら、自分をそのまま丸ごと愛することが出来ると、人もそのまま愛せるようになるようです。おかげでだいぶ生きるのが楽になりました。

私を人生の暗い迷宮から助け出してくれたように、ソウルサウンドライアーの小さな優しい響きは、巡り巡って、すべての人々が微笑み合い愛し合う、そんな時代への1つの道しるべになる。そんな風に、私は、心の底から信じているのです。

後で知ったことですが、私が、初めてライアーに出会った屋久島で、実はアカシャさんとも会っていました。そしてなんとアカシャさんは、ちょうど屋久島に来る前に、「もう！　これ以上私1人では、この宇宙のお仕事は出来ません！　もっと仲間を下さい！」と宇宙に向かって叫んでいたのだそうです。おそらくその時、私は、そのメッセージを受け取ったのだと思います。アカシャさん、叫んでくれてありがとう。私は、ソウルサウンドライアーに出会えて本当に本当に幸せです。

皇室にも届いた、ライアーの調べ

福島県・長野県　上皇后陛下美智子妃殿下専属演奏家　8・7・3

2017年に初めてソウルサウンドライアーを制作して以来、これまでに7台を制作し、知床、宗谷岬、阿寒湖、洞爺湖、白神山地、岩木山、男鹿半島、出羽三山、松島、磐梯山、いわき、茨城、千葉、房総半島、北アルプス、白骨温泉、伊勢、奈良、高野山、神戸、四国、淡路島、屋久島と、山々と海を巡り、自然のために演奏して参りました。

森の奥深くで、演奏していると、白馬では蝶が舞って来て私の手にとまり、鳥たちが寄ってきて一緒に歌いました。屋久島では演奏する私の真後ろに雄の屋久鹿が立ち、ずっと耳を傾けて居りました。沢山の種類の動物たちが集まり、その中には片足のない子鹿もおりました。

知床では啄木鳥が目の前に飛んできて、木をつつき、蝦夷鹿が8頭寄ってきて、その内の2頭は、腰を下ろし、耳を振り立てながら、いつまでも演奏のエネルギーを感じておりました。

その後2019年、2020年には、ライアー奏者の協力者を募り、長野県の3ヶ所（諏訪、安曇野、佐久）から、日本列島の山や場所、宇宙を曲目としたエネルギー演奏会を主催、開催致しましたが、最後の予定地でした佐久での演奏会は、コロナが蔓延し始めた時期で、中止となってしまいました。

同年、「上皇后陛下美智子妃殿下の専属演奏家に選ばれました」と、宮家にお仕えになっていらっしゃる医師より、ご報告を賜りました。

地球、自然が元気ですと、そこに生きる動植物、私たち人間たちも元気だと思うのです。感謝を込めて、地球に元気になってほしいという思いから、今も全国演奏の旅を続けております。

２０２１年には、山梨県河口浅間神社の天空の鳥居、三重県伊勢の長峯神社、福島県の石《いわ》都々古和氣《つつこわけ》神社で奉納演奏を納めました。またそのエネルギーに包まれる演奏会も不定期で開催しています。

タオは命に寄り添って

埼玉県・大宮市　トコシ

ふくいくたる香りに包まれるような幸福感、深い海にたゆたうような解放感、ひと雫《しずく》の澄んだ音が宇宙の彼方にこだまし、遠い記憶を手繰り寄せるような不思議な感覚。ライアーは、日々、たくさんの悦びと奇跡をもたらしてくれています。

最初に出会ったタオは、父の最期に寄り添ってくれました。2014年の暮れから、タオを連れて何度も病院に来てくれたアコ（須藤亜紀子）さんは、私が父の好きな歌を耳元で口ずさむ間、共にマッサージした後に、ライアーを身体に触れるようにして、優しく奏でてくれました。すると、ものも言えずに目を瞑り、水も口にできぬままベッドに横たわっていた父の呼吸が、だんだん深くなり、表情が和らいでくるのが、確かに感じられたのです。タオの豊かな倍音が、直接身体の全ての細胞に届き、骨にも伝わり、心身ともに慰められあたためられたのではないかと思います。

自分のタオを持てたらという願いが叶い、２０１５年バレンタインデーに、私もタオを作り、父の最期の四日間、病室で奏でることが出来ました。

当初、看護師長に先ず聴いてもらい、許可を得てのことでしたが、ライアーの響きを体感した後の様子が明らかに違う、穏やかな感じになると、担当の看護師から噂《うわさ》は徐々に広まっていたようです。他の階の医師までもが、奏でている時にやってきました。

頭頂部はライアーをベッドの柵に立てかけ、足元は足裏に当て……と身体に触れるようにして、そっとタオを奏でるのを、興味深く見守っていた医師たちは、

「これは確かにいい……こういう方法があるのですね」

と驚きつつ感想を口にされたのでした。

同室の方のお見舞いに来ていたご家族も、

「とても綺麗な音に癒されました」

と笑顔になられました。

これが、私のライアー体験の原点です。

静けさを聴く、響きの真髄の奥深さを知り、仲間と輪になって奏で合い、数々の縁を結びつつ歩める喜びに、心から感謝しています。世界中がライアーの光の響きに包まれ、真の平穏が訪れることを祈っています。

聴こえない世界を奏でる

兵庫県・芦屋市　青山真理

私がライアーに出会ったのは、２０２０年２月。ライアー奏者である友人を、自宅に招いて演奏会を開催したことがきっかけでした。その日同席した主人の「あなたもライアー弾いてみたら？」という一言をきっかけに、２年の間に４台ものライアーをお迎えすることになりました。

ライアーの音色は本当に美しく、心が震えます。初めてライアーを手にした頃の私は、いかに美しくその音を奏でるかに夢中になりました。練習を重ねれば確かに綺麗な音が出るようになってきたけれど、何かが違う。エネルギー溢れるライアーを前に、どう奏でたらいいのかわからず途方にくれ、葛藤する日々が続きました。

そんなある日、アカシャさんがライアーを奏でるのを聴いていた時に、ふと気づいたのです。私は耳に聴こえる音だけにフォーカスしていたことに。「見える世界と見えない世界」普段私たちが見ている現実世界は「水面に映る月」であり、実体はここにはありません。本物の月（本質）は空（見えない世界）にあって、それが水面に映し出されているだけです。音もそれと同じなんじゃないかと。

「聴こえる音と聴こえない音」本質は、耳に聴こえる音ではなく、聴こえなくなった後にもずっと続いている振動の中にあるのかもしれない。

「どんな音を奏でるか」ではなくて、「どんな振動を伝えられるか」なんじゃないか？　そして、その振動とは、私の呼吸であり、生き方であり、命そのものなんだと。それに気づいた時から、やっと本当の意味でライアーと私が出会い、音が変わり始めた気がします。音は生きているのだと知った瞬間でもありました。

私とライアーとの旅はまだ始まったばかりではありますが、最初の1台をお迎えしてから魂の学びも人生もどんどん加速しています。この素晴らしい癒しの音が、1人でも多くの人に広がっていくことを心から願っています。

必然の出会い

静岡県　中野加菜子

初めてライアーと出会ったのは2021年の1月中旬。Facebookで数秒、ライアーの音を聞いた瞬間「これ何？　これやってみたい」と心惹かれ1週間もしないうちにライアーの体験会に参加していました。体験会の日はまるで初めて触れるとは思えないほどしっくり感じたのを覚えています。

もう触ったそばから、欲しいというか是非お迎えしたいと心は決まっていました。決して安いものではありませんでしたが、自分の心に正直になるのに時間はかかりませんでした。どのライアーにするのか見ている時は迷いましたが、実際自分で奏でてみると私のからだに振動して共鳴してくる1台のタオライアーがありました。頭で考えなくてもからだと心は知ってるんですね。一瞬でこのタオライアーにしたいって感じられました。だからなんだかわからないけどこのソウルサウンドライアーに惹かれたらそれは必然、是非体験していただけたら良いなと思います。

そして私が大事にしているのはこのタオライアーの「本当の自分を思い出す」というテーマです。丁度私は自分と繋《つな》がることを積極的にしていた時期で、このタオライアーのお仕事は自分を整えることだと身をもって感じています。

私はライアーを弾くことで、知らないうちに、自分の長年付き合ってきた疾患と対峙することになりました。疾患により、自分自身との対話をするタイミングに入ることができました。勿論、その過程は簡単ではなかったのですが、からだの痛みと共に内側の不要な物を手放し取り戻していく、とてもとても大事な時間になりました。

からだの痛みや心の整いは大波小波を繰り返しては、どんどん私を整えてくれ、新しいタイミングへと導いてくれた気がします。感情の起伏も激しかったのですが、心強かったのは、タオがいつも私に寄り添ってくれているのが感じられたことです。二人の協働作業であると感じられ、なんとか前に進めると信じられました。タオの音や振動やエネルギーは、私そのものの宇宙と共振共鳴して交わり拡大しました。その感覚が、私を私そのものにしてくれました。

まだほんの少しの付き合いですが、ソウルサウンドライアーの素晴らしいところを一言で表すなら、頭で考えるより先にからだや意識、魂が動かされるところだと感じています。知らないうちに、私は、私本来に戻る過程を体験できているのだと思います。本当にありがとうございました。

ライアーは魔法の絨毯《じゅうたん》

福島県・郡山市　櫻井路〈みっちぇる〉

デイサービス児童クラブでの一コマです。30分くらいの時間枠をいただいて、ライアーの紹介から始めました。小学2年生のA君は最初から私の膝の横に座って、ずっと耳を当てていました。そして、いろんな話をし始めました。ライアーについての質問、自分のこと。周りでは子どもたちがライアーの音に合わせて踊り始めたり、歌を歌い始めたりしていました。気がついたら2時間経っていました。

指導員の先生たちは驚いていました。最初のお約束30分というのでさえ、子どもたちが飽きるだろうと思っていたからだそうです。ライアーの周りで本を読んだり、宿題を始めたり、子どもたちは自由に好きなことをしながら、過ごしました。普段は落ち着きがなかったり、子をあげたり、かんしゃくを起こしたりする子たちが穏やかな表情だったのです

その後、A君は言葉を発しない子だったことを知りました。私は、そんなことは、つゆ知ら

ず、会話を楽しんでいました。お別れのときは、「あなたは素晴らしい人です。これからも世界を平和にしてください」と挨拶してくれたのです。お迎えのお母様は、とてもとても驚いていらっしゃいました。ライアーの音が、彼の心に届いたのでしょうか。最後にお手紙までくれました。

もう一つ、別の体験をご紹介させていただきます。シェアハウスを会場に、ライアー体験会をしました。たっぷりと音浴をしていただいた後の、体験のシェアタイムに、ある女性が、生まれて初めて、音を感じましたとおっしゃるのです。生まれつき耳の聞こえない方でした。ボディで音を浴びていたら、耳の辺りから、振動が伝わってきたというのです。二人で涙しました。温かい涙でした。いのちの鼓動を感じた瞬間でした。

ライアーは人のこころをノックして、新しい何かが生まれるお手伝いをしてくれるのですね。ライアーは私にとって魔法の絨毯です。ライアーが、私を新しいところにどんどん連れていってくれます。行ったことのないところ、知らなかったこと、そして、苦手かな？　と思っていたこと。開いて、委ねて、緩んで、芽吹いていく。内側から花が咲き笑うように。まだまだ体験談はありますが、このへんにしておきます。

臨死体験に届いたライアーの祈りの光と音

福岡県・糸島ライアーハウス光透音　kotone　藤澤潤子

2018年1月、救急車で運ばれた病院の手術室からICUへ。予想もしない突然の大病でした。ICUで、胸には心電図、身体中がチューブに繋がれた状態、意識が朦朧《もうろう》としていく中、眉間・第3の目に届いた光は、一生忘れることはないでしょう。

それは、いつも描いていた点描曼荼羅の模様みたいでもあり、白銀色に輝き、クリーム色に縁取られた微細な光の粒子で、それが眉間から、どんどん入ってきました。福岡の友人が入れてくれた一報を受け、京都からアカシャさんが、全国の仲間に呼びかけてくれたソウルサウンドライアーの祈りの光と音。光は、遠い意識の最中、奇跡が起きる確信へと変わりました。ライアーファミリー以外の方にもたくさん祈っていただきました。

半月のICUから、リハビリのために転院する際、主治医は、画像診断では半年は歩けないはずだったと驚いていました。「おかしいなぁ、でも歩いてますね」と。左足は引きずっていたけど、手すりにつかまり、なんとか自力で歩けていました。ライアーの音と祈りが奇跡を起こしたのだと信じています。ライアーを奏でたくて、臨死体験から戻ってきました。生かされた命を感じながら奏でています。

利き手を含めたリハビリをして、ライアーの音がある程度戻るまでには1年間、ライアー個人セッションを復活するまでに、2年の時間が必要でした。ライアーが、どんなにかけがえのない存在であったかに気付かされました。2ヶ月間の入院中に、ベッドの傍らで毎日心を支えてくれたライアーは、私の命、大切なパートナー。

2019年9月には、アメリカ・シャスタの制作ワークで、ライアーを作りたくて、リハビリ等をかなり強化して渡米しました。元に戻すことはもちろん、さらにパワーアップのための冒険でした。その後の久高島ワークショップとあわせて3種類、自宅で一人で小さなライアーを2種類、計5種類を彫りました。ライアーを彫り、奏でることは、生きる希望です。身体と相談しながら、無理せずに。

2010年頃に下りてきたテーマ光、音、色、香りをライアーが叶えてくれています。事務の仕事をしていた頃からは、全く違う人生が待っていました。2012年に初めてタオライアーを彫ってから、ほとんどの時間を、自然の中で奏でてきました。これからもライアーと歩んでいきます。何気ない日常に寄り添える音を、生と死にも、宇宙と地球、自然界に響く愛と調和の音を奏でていきたい。

祈り見守ってサポートしていただいた皆さん、たとえお逢いしたことがなくても、皆さまの祈りや、ライアーの音は本当に届いていました。簡単には言葉にできない感謝を、ここにお伝えします。ありがとうございます。

ソウルサウンドライアーとの旅

アカシャ

Photo by KIRINO TOMOAKI

旅のはじまり

小さなキンダーハープを初めてアンドレアスに頼んだときには、まさか、私の未来がこんなにライアーと、音に囲まれているとは、思いもよりませんでした。

あるとき、友人に代わってオーダーしたライアーや自分のライアーを調弦しながら、数台のライアーを周りに並べて「ああライアーに囲まれた生活って、なんて幸せなんだろう」と思ったら、本当にたくさんのライアーに囲まれた生活になりました。いったい何台あるのか数えたこともありません。

ライアーがなければ、出会わなかった、たくさんの人とのご縁をいただき、ライアーと共に多くの土地に足を運ばせていただき、たくさんの方々に支えていただいています。

小さなキンダーハープから始まった、私とライアーの旅、音の旅を、ここに綴ります。

土地とのご縁

２００７年の春、娘をシュタイナー学校に通わせるため、そして認知症の母の介護に備えるため、私は郷里に近い、京都の京田辺に住みはじめました。引っ越して間もないある日、1年生の子どもたちや保護者との遠足で、近所の甘南備《かんなび》山に登りました。山頂には、小さなお社があり、みんなで手をあわせました。ふとお社の左奥にある木が気になり、近づいて木に身を寄せてみると、

「この地をまもれ」という男性の声が聴こえました。

この地をまもれ、と言われても、私に何をしろというのでしょう。山の麓は、宅地開発が進んでいました。そういう開発に反対する運動でもすればいいのでしょうか。

平凡なシングルマザーの私には、何をどうすればよいのかわからないメッセージでした。でも、その声は、ずっと心に残っていました。

京田辺市には、大住という地域に月読神社がありますが、元々神様が下りたのは、先の山の頂上だったと知りました。声の主は月読だったのでしょうか。さらについ最近、この山を歩いていて、かつてそこにはお寺があり、役行者《えんのぎょうじゃ》が斉燈護摩《さいとうごま》の修行をしていたという看板をみつけました。役行者には、行く先々でご縁を感じていました。役行者のお導きでしょうか。

旅したり、住んだりする土地には、その土地の存在にお招きいただいて、初めて足を踏み入れることが許されると感じています。私をこの京田辺の地に招いてくれた大いなる存在に感謝しています。

魂の叫び

京都市北部に、鞍馬寺というお寺があります。尊天とよばれる宇宙神サナート・クマラ、大いなる宇宙が信仰の対象です。初めて鞍馬寺にうかがったとき、倒れた御神木から彫られた魔王の御神体の前にしばらく座りました。どこに座っても、どの角度から見ても、魔王の目は私をじっと見据えています。

その目は「己の内側を見よ」と教えてくれました。

２００８年５月の満月の夜。私は、鞍馬寺で行われるウエサク祭に参列していました。ウエサク祭とは、お釈迦様の生誕、悟りを開いた日、入滅の日の全てが、インド暦第2月の満月の夜だったという伝承から、毎年5月頃の満月の夜に行われているお祭りです。

当時、鞍馬寺では、明け方までに、３度の祈りの機会が設けられていました。明け方3時頃になる最後の祈りは、護摩焚きの炎と共に祈り上げたように記憶しています。

その日、私は、ごく個人的な祈りごとをしようと思っていました。それが、護摩の炎に向かって、他の参列者の方々と一心に般若心経を唱えているうちに、

「どうか私を、光の使者として、もっと使ってください。どうか、もっとお役立てください」

という強い思いが内側から湧いてきて、まるで嗚咽するように叫んでいました。そんなことを願うつもりはなかったので、自分でも、いったいどうしたのかと驚くばかりでした。それは、魂の叫びだったのです。

祈りを終え、茫然としている私に、天から金色の光が降り注がれました。

本当に、天から金の光が降ってきて、包まれたように感じたのです。それは、童話『星の銀貨』の最後に、少女に天から星が降ってきたような、そんな感じでした。

それから数ヶ月たった夏のある日、アンドレアスから、

「どこをどう奏でても大丈夫なように、音を調整してあるライアーがある。タオライアーというけれど、あなたのような人が奏でてみればいいのに」というメールをもらいました。そのライアーが、私の手元に届いたのは、翌年、２００９年の1月のことです。

それからの私の人生は、常に音と共にありました。ライアーの音を通じて、光の仕事をさせていただいていると思います。私が、そのように願ったから、それが叶えられたのだと、後になって気づきました。

ちなみに私が生まれた2月15日は、釈迦の入滅の日ともいわれています。私が生まれたその日も満月でした。そして、この原稿を書いている今日も、2月15日。この世に生まれてきたこと、私を生んでくれた両親、これまでにご縁のあったみなさまに感謝しています。

光の階段

２００９年1月、ドイツから、待ちに待ったタオライアーが届きました。ライアーと一緒に初めて出かけた場所も鞍馬寺でした。当時は、ライアーを入れるケースもありませんでしたので、黒い画板ケースにお風呂マットをクッションにして、持ち運んでいました。5キロぐらいあるのですが、山道を背負って歩いても、不思議と苦にはなりませんでした。その日も、奥の院「魔王神殿」にまで行きました。

途中、ご本殿の手前の階段の麓に、弁財天が鎮座されているお社があります。まず、そこでお祈りをして音を捧げました。

「どうか、これから私がタオを奏でるとき、そばにいらしてください」

小雨降る日でした。魔王神殿に着くと、そこには他に誰もいませんでした。ライアーを取り出し、瞑想するような感覚で音を奏でました。しばらくすると、ぼーっとした光が浮かび上がりました。その光の中に、下に続く階段が見えます。階段を下りていくとドアがあります。そのドアを開けようとしたところで、ふいに人が入ってきた気配に気が逸れました。すると、ドアも階段も消えてしまいました。

魔王神殿の下に、シャンバラがあるという話を後に聞きました。シャンバラにつながる階段が本当にあるのでしょうか。そんな階段が見えたのは、そのとき一度きりです。

そのとき魔王神殿に入ってきた二人連れは、なんと知り合いでした。鞍馬寺の後に訪ねるかどうか、決めかねていた、当時、学んでいた気功教室の生徒さんだったので、驚きました。その足で、大阪にあった教室に向かったのは言うまでもありません。

それから後、私がタオライアーを奏でているときに、弁財天のエネルギーを感じると言われることがよくあります。

奏で方もわからないタオライアー

初めて手にしたタオライアーは、それまで私が知っていた演奏用のライアーとは、全く形状が違っていました。演奏用のライアーは、縦に抱きかかえて、左腕で支えながら、両手で弦の両側から奏でられるように、窓がある構造になっています。

タオライアーには、両側から弦に触れるための窓がありません。抱きかかえると、右手でしか奏でることができません。

「タオライアーは、両手では弾けないのですか？」

「どこかに置けば、両手が使えますよ」

こんなアンドレアスとのやりとりからのスタートでした。

どうやって扱えばよいのか、さっぱりわかりませんでしたが、すぐに、その音と響きに魅了されました。「まるでお月様みたい」と思ったので、自分のタオライアーに「ルナ」という名前をつけました。ルナは、スペイン語で月のことです。

私のタオライアーは、サクラの木でできています。特別な星の配列の、新月の日に切り倒された木であることは、何年も後になってから知りました。その同じ木からは、娘の演奏用のソプラノライアーが生まれています。

ルナは、それからずっと私の傍らにいてくれます。私の相棒であり、ガイドです。まるで、命と意思を持った存在のようです。ルナのおかげで、さまざまなところに導かれて旅をすることになりました。思いがけない出会いや、ご縁に恵まれて今があります。

虚空蔵菩薩

四国の香川で行われたサウンドヒーリングの講座の通訳を務めて戻ってきた翌日、私は、自室の木のベンチに横になり、ＣＤで英語の誘導を聴きながら、チャクラ浄化の瞑想をしていま

Photo by KIRINO TOMOAKI

した。英語の誘導のほうが、深い瞑想状態に入りやすいからです。聴こえてくる誘導に従って、色のイメージをするのが常でした。ところがそのときは、全く誘導とは異なる映像が見えてきました。

正面から、大きな仏像が、ドーン、ドーンと、私のほうに向かって迫ってきます。いよいよ目の前にきたので、どうしよう！　と、思わず、

「失礼ですが、どちらさまですか？」とうかがいました。

すると「虚」「空」「蔵」「菩」「薩」という漢字が5文字、ポンポンポンと現れました。

私は、瞑想を終えるとすぐ、「虚空蔵菩薩」を検索しました。全く知らなかったからです。

そして、虚空蔵菩薩という仏様の存在と、空海が室戸岬の洞窟にこもって唱え、光明を得たのが、虚空蔵求聞持法《ぐもんじほう》という、虚空蔵菩薩の御真言であったことがわかりました。

その頃ちょうど京都の東寺のそばにあるお寺で、御本尊の虚空蔵菩薩の御開帳をされていたので、すぐに行ってみました。その御尊顔を拝んで、びっくりしました。そのお顔は、私が人生でとてもつらいときに、大変お世話になった方のお顔に、そっくりだったのです。

虚空蔵菩薩、サンスクリット語では、アーカーシャ・ガールバといいます。アーカーシャは虚空、つまり宇宙のように限りがないことを意味します。宇宙の図書館ともいわれる、アカシックレコードのアカシックと同じ語源です。常に虚空蔵さまからのご縁とご加護を感じていま

す。屋号と活動名のアカシャも、虚空蔵さまからいただきました。

音の魔法

タオライアーを受け取った当時、私は、ホメオパシーの翻訳を仕事にしていました。とてもやりがいを感じていました。でも、タオライアーに出会ってからは、タオのことを多くの人に伝えたい。そのためには、もっと外に出よう！　と思うようになりました。そして、マヤの新年にあたる2009年7月26日から、それを実行しはじめました。

私は、ライアーの演奏仲間たちに同行させてもらい、重度の機能障害のある方のための施設を訪れました。

その施設には、自分で歩行できる方、車椅子での移動が可能なレベルの方、そして、生まれたときから動くことのできない方までが生活されていました。まずは、ホールに集まることができる方たちに、ライアーの曲を演奏して、聴いてもらいました。私は、一人でタオライアーを奏でました。ライアーに触れてもらい、響きを感じてもらう時間もとりました。みなさん、興味深そうに触れておられました。

その中に、興奮して、手を痙攣《けいれん》させているお子さんがいました。私は、お母さんがその子を抱きかかえている状態で、その子のからだに、タオの音をゆっくりゆっくり響かせました。すると、次第に震えは落ち着いてきて、ことりと眠ってしまいました。お母さんは、これは魔法ですか？　と聞かれました。通常は、薬を使わないと、症状は落ち着かないそうでした。

それから、ホールには出てくることのできない方たちのお部屋を回りました。最後に、一番重度の麻痺のある方のお部屋を訪ねました。その方は、生まれてからずっと、自力では全く動くことができず、瞼すらも動かせず、寝たきりでした。20代になったばかりの方でした。

ベッドの周りには、からだの状態をチェックするための機械がたくさん置かれており、タオライアーを近くまで持ち込むことは憚《はばか》られました。そこで私は、7弦のキンダーハープを携えてベッドの傍らに立ちました。キンダーハープを、からだの上にそっと載せると、その方の手をとって、その方の指で、弦に触れ、1つの音を一緒に鳴らしました。するとそのときです。「わあ、〇〇くん、嬉しいのね〜」と、側で計器を見ていた看護師さんが叫びました。モニターの感情が歓びを示して、最大限にまで振れたのだそうです。この一音の体験は、心の奥深いところに残りました。

1年後、同じ施設を再訪したときのことです。お世話をしてくださった、音楽療法士の方もいらっしゃいました。その日の終わりにお話をしていると、

「今日の入居者さんたちの反応をみていたら、やっぱり私、ここでタオライアーを使いたいと

思いました。この1年、ずっと思っていましたけれど。今日、ちょうど、施設の開設当初から音楽療法を応援してくれている、相談役が来院されているので、私、お話ししてきます」とおっしゃいました。

私は、もしよかったら、その方にもタオライアーの音を体験していただきましょうよ、とおすすめしました。そして、実際にその方の頭上で奏でさせていただきました。その結果、その年のクリスマスには、施設にタオライアーがお嫁入りしました。いまも活躍してくれているといいな、と思います。

眠りぐすり

音楽療法をされている施設に、ありがたいことに4台ものタオライアーがお嫁入りしたことがありました。私は、嬉しくて、その施設を訪問させていただきました。調弦や奏で方を直接お伝えしたかったからです。施設に関わる方は、もともとライアーの演奏もされていたので、ライアーの扱い方には、何も問題はありませんでした。

施設に通う親子さんに、タオライアーのことを紹介したいということで、10組ほどの親子さんを集めてくださっていました。子どもたちは、最初は落ち着きなく、辺りを飛び跳ねていいました。

私は、自分もタオライアーを取り出して、みなさんとライアーの環をつくると、「中低音から、低音に向かって、ゆっくりゆっくり奏でてください。まずは、自分が落ち着いて、ゆったりとした呼吸を意識してからです。しっかりグラウンディングしていてくださいね」とお願いしました。

多動の傾向のあるお子さんには、敏感な方が多く、音にも繊細で、高音が神経に障るような反応をすることが多いので、低い音ばかりを奏でてくれるように頼んだのです。

すると、次第に子どもたちの動きは落ち着いて、一人、また一人と、ライアーの方に近寄ってきました。

子どもたちのことは、エネルギーの中に包み込むようにしておいて、でも、直視はせずに、そっと見守り続けました。音は相変わらず、ゆっくり低い音のほうへ。子どもたちは、さらにライアーに近づいてきて、弦に触れたり、ライアーを舐めたりしはじめました。

ひときわ元気に跳ね回っていた女の子が近くに来てライアーに触れはじめたので、私は、「ごろ～んとしてみたら？」と声をかけ、

女の子が寝転がると、

「これ、上に載せるよ～」と言いながら、タオライアーをからだに載せて音を奏でました。女

の子が、じっとされるがままになっているので、しばらく、ゆっくりゆっくり奏でていました。

数日後、自宅に戻りますと、その施設の先生からお電話がありました。

「あのとき、ひときわ元気に飛び跳ねていた女の子を覚えていらっしゃいますか？　お母さんから電話があり、あの日は、帰宅してから、すぐに眠ってしまい、翌朝まで起きなかったそうです。生まれてこのかた、夜通し眠ったのは、初めてのことだそうで、お母さんが感動しておられました」と教えてくださいました。普段は導眠剤を使っても夜中に起きるので、お母さんは、産後熟睡したことがなかったそうです。

何かがむずむず、うるさくても眠りに落ちることはできません。逆に、エネルギーが枯渇していても、眠れません。ライアーは、そのどちらの状況にも対応することができるようです。

完璧主義卒業

2010年の春のこと。世界各地で、地球の未来のために祈る、先住民のグランマたちの集まりに参加したことがあります。「13人のグランマ」の祈りの会でした。池末みゆきさんが、グランマたちと席を並べておられました。私は、通訳ボランティアで参加していました。

余談になりますが、そのときの通訳ボランティアは十数名いたのですが、なんと「みゆき」

さんが全部で7名！　半分以上が「みゆき」でびっくりしました。そのとき、イスラエルにある「みゆき」という名にゆかりのある地に、みゆきたちだけで行ってみたいねという話が持ち上がりましたが、まだ実現していません。その場所がどこにあるのかも、わかりません。どなたか情報をお持ちの方がいらしたら、教えてほしいと思います。

さて、そのグランマの会は、元々は奄美大島で開催される予定で、1年以上前から準備されていました。撮影班や、出店される方々や、多くのスタッフが事前に現地入りされていました。ところが、各国からグランマも来日され、東京や名古屋での集会も終わり、いざ奄美に向かう段になって大変な事態になりました。台風が奄美大島を直撃し、船も飛行機も全便欠航になり、奄美に行くこと自体が叶わなくなったのです。会場施設も浸水してしまったそうです。

私は、当日の朝、旅支度を整えて、指示を待っていました。

すると、「鹿児島まで飛んでほしい」と連絡があり、鹿児島空港に着くと、

「会場は霧島になりました」と案内されました。

その霧島の会場となったホテルでの準備期間は、わずか1日足らずでした。ホテルの庭には、ファイヤープレイスが瞬く間につくられました。そのためにドラム缶を取りに帰った人、燃やす材を持ってきた人など、必要な物を調達できる人や、持っている人が自然と現れました。その聖なる火は、会期中、絶やされることなく燃えていました。

集会場所は、会議室だったり、階段横の踊り場だったりと、いろいろ移動しなければなりませんでしたが、なんとか、そのホテルの敷地内で、予定されていたことは、全て滞りなく行うことができました。１００名を超える関係者が、当日の予約にもかかわらず、同じホテルに宿泊できたのも奇跡です。

一方、主催者と中心になるグランマのお二人は、祈りの会の後半、飛行機が運航を再開すると、奄美会場に行って合流しようとされていました。すると、どうなったと思いますか？一度は運航再開した飛行機に、雷が落ちて計器故障となり、また翌日から運休してしまったのです。お二人が、奄美に渡ることをあきらめ、奄美と霧島との２ヶ所での祈りが、最終日まで行われることに決まると、初めて雨が止んで虹が出ました。

これら一連の出来事は、私のそれからの生き方を大きく変えました。私は、その頃まではとても完璧主義で、失敗しないように2手も3手も先を読み、石橋を叩いても渡らずに叩き壊してしまうぐらいだったのです。

それが、どんなに入念に準備していたとしても、宇宙の思惑に沿ったものでなければ、実現しないのだ。その逆に、宇宙の流れに乗ってさえいれば、なんでもスイスイと自動的に導かれ実現していくのだと悟ったのです。

それ以来、何かを行うことを意図したら、その意図をしっかりと保持し、それを行うための

Photo by KIRINO TOMOAKI

準備に最善は尽くしますが、結果には一切の心配をしなくなりました。起きることは起きる、起きないことは、起きないのです。

この会議終了後、グランマの皆さんと、霧島神宮の奥宮である、お社の跡地に詣でました。次元が異なるような、清浄で凛とした空気感が漂っていました。そこで撮った写真には、オーブ（光の玉）が、まるで雨の滴のように写り込んで、被写体が全く見えなくなっていました。それは、この霧島の地こそが、祈りの場として用意されていたのだという確信につながりました。

アンドレアスとの取り組みのはじまり

タオライアーを受け取った私は、アンドレアスに日本に来て、この楽器の使い方を教えてほしいと頼みました。

「20名ぐらい集まったら、ライアーをつくるワークショップができるよ」と彼は言ってくれましたが、まだ、ほとんど誰もこのライアーのことを知らないのに、つくりたい人がいるわけもありません。当時は、私に出会う以外、日本でタオライアーのことを知る術はなかったのですから。

まずは、この楽器の存在を多くの方に知ってもらい、音の使い方を知ってもらうためのワークショップをしたいと、力説しました。１年間ほどやりとりを重ねた後、アンドレアスが、日本に行くよ！　と言ってくれ、当時は「癒しの音」と呼んでいた、音の神髄を伝えるワークショップの開催が実現しました。

アンドレアスは、60ページにも及ぶテキストをドイツ語でまとめ、それを英語に訳して送ってくれました。日本語に訳すのが、私の最初の仕事でした。ところが、その英語は意味がちんぷんかんぷんでした。英語はできるけれど、霊的な背景がわからない人が訳していたのです。意味を確認するために、何度も何度もアンドレアスとメールのやりとりを繰り返しました。そのおかげで、英語能力が上がったと彼は笑っていました。

第1回の「癒しの音」は、奈良の生駒山と横浜で開催しました。生駒山の初日には、大きな虹が出て、美しい夕陽が沈み、夜には真っ赤な月が昇りました。自然界に大喜びされているのが伝わってきました。

池末みゆきさんが、生徒さんに声をかけたりして、多方面からたくさんの受講者を集めてくださいましたので、ワークショップは大成功に終わりました。

そのワークショップに参加した人の中から、ライアーをつくりたいという人が現れ、その年の秋には、初めてのライアー制作ワークショップも開催できる運びとなりました。

それから現在まで、途絶えることなく、音のワークショップと、制作ワークショップの開催を続けてくることができたのは、ひとつのご縁から、また新たなご縁へとつながっていったおかげです。多くの人に支えられ、助けられて続けることができました。

初回の内容は、テキストもあり、理論を伝える部分が多くありました。2年目からは、テキストはほとんど使わないようになり、現在では、体験と体感を重視して、言葉による説明は極力せずに、音の神髄をお伝えしています。

テキストには、肉体にある音のツボや、惑星と金属の打楽器の音との関係など、興味深く思える内容が多く記されていました。でも、実際に楽器を使って施術をする場合、ツボを調べて音を出したり、この惑星の音を届けようと思って、楽器を奏でたりすることはありませんでした。施術の後に、検証のためにテキストを見て合点がいくことはありましたが。私には、資料に沿っての施術行為は、思考の世界の音の領域にあるように思えたのです。

その瞬間に、いったいどんな音が必要と感じられるのか、という感覚を研ぎ澄ませることのほうが先決です。資料に頼るのではなく、実践と感覚から、音を届けられるようにすることの基礎を、2日間のワークショップ「宇宙《そら》の音・地球《ほし》の声」（当時の名称「癒しの音」）でお伝えするようになりました。

まずは、聴こえている音が鳴りやんだあとの静けさに耳を傾けます。そこに響く何かに耳を

Photo by KIRINO TOMOAKI

澄ますことから、その体験は始まります。石の音、木の音、メタルの音、そしてライアーの音と声。それらの聴こえる音、そして耳には聴こえない響きの体験は、その場所、その空間、そして、その時に集まる人によって、毎回全く違います。毎回が新しい経験になります。

私は、このワークショップでみなさんと響きあっている時間が、何よりも好きです。ワークショップに参加した後、別人のようにやすらぎ、輝いているみなさんの顔をみているのが好きなのです。

誰かを頼るということ

アカシャには、ライアー以外にもさまざまな楽器があります。その多くは「宇宙《そら》の音　地球《ほし》の声」のワークショップに登場する楽器たちです。アンドレアスが、自分がそれまでに集めた楽器や、自分でつくった木の楽器を、初回のワークショップのために、山のように送ってくれました。その後も日本で、このワークショップを続けていくためには、それを全て購入する必要がありました。

この楽器の購入に際し、私は、お金のハードルを越えなければなりませんでした。それは、お金というよりは、人を頼ることのハードルでした。

私の父は幼少の頃に母を亡くし、二人の継母との折り合いが悪く、家を飛び出して、夜間高校に通いながら、苦労して身をたてた人でした。私は、一人娘で、初孫でしたので、両親にも祖父母にも、非常に可愛がられて育ちましたが、苦労して育った父からは、なんでも一人でできるようにと、かなり厳しく躾《しつ》けられました。

そのため、両親に何かを頼むとか、人に何かをお願いするということは、私の辞書にはありませんでした。少しでも頼ると、

「お前は、そんなことも自分でできんのか！」と怒られるからです。

私が、誰かを頼らざるを得なくなったのは、娘のおかげです。娘がまだ幼いときに、元夫と別居し、独りで働きながら、ホメオパシーを学び、生計をたてるようになった頃からです。自分の学びの時間をつくるには、娘を預かってもらわなければなりません。幼稚園の保護者仲間にお願いしたり、アルバイトを雇ったりしながら、なんとか授業に出る時間を捻出していました。それでも、助けてもらったら3倍返し！　が、その頃の私の鉄則でした。

そんな私が、ドイツから送ってもらったたくさんの楽器を手元に残すために、生まれて初めて、父親に頼みごとをしました。借金を申し込んだのです。父に、何かを頼むなんて。しかもお金を貸してほしいと頼むなんて、あり得ないことでしたが、他にあてもないので、意を決し、電話で、借金を申し込みました。一通り私の話を聞くと、父は、

「お前がやりたいことを、応援してやるよ」と言って、すんなりお金を貸してくれたのです。

そのとき、それまで、無理にピンと突っ張っていた何かが、崩れるような、感覚がありました。

それ以来、私は、実家に娘を預けることもできるようになり、友人知人にも、もっと自然に頼みごとができるようになりました。

誰にも、何も頼めなかった時代があるなんて、いまの私を知る方からは、きっと想像もつかないことだと思います。自分一人の力には、限りがあります。できないことは、誰かに頼み、得意な人に任せるのが一番です。苦手なことに手を出す必要はないと思っています。

自分が好きで、得意なことをして、誰かに喜ばれたら、こんなに素敵なことはありません。

私は、ライアーを奏でるのが大好きです。調弦も得意です。自分が好きなこと、よいと思っているいることをお伝えして、みなさんに喜ばれるので、このうえもなく幸せです。

ちなみに、アンドレアスは、

「君は、僕が30年かけて集めた楽器をたった5分で買うんだね」と言いながらも、とても喜んでくれました。

Photo by KIRINO TOMOAKI

願えば叶う！

アンドレアスを招いて、初めてのワークショップを開催した後、私の元に、たくさんの楽器が残されました。娘と二人暮らしの3DKのハイツの仕事部屋は、楽器で溢れました。このままでは、誰かに楽器に触れてもらうことすらできません。

私は、楽器を並べて置く場所が必要だと思いました。どこかにサロンを借りたとしても、毎日、ハイツの3階から運び下ろすのは大変です。常設できる場所が要ると思いました。自宅とサロンの2か所の面倒をみることもできないから、引っ越すしかないと思いました。ライアーのため、楽器のための引っ越しです。そこで、

・木の床で、天井が高くて、音がよく響くお蔵のようなイメージで
・みんなで集えるスペースがあり
・娘がエネルギーに敏感なので、プライバシーが護られるスペースがあり
・娘が一人で歩いて学校に通え
・近所に一緒に遊ぶお友達がいるところ

そんなところがあれば、私は、みなさんのために活用します！　と思いました。

さて、不動産屋に連絡してみなくてはと思っていたところ、ワークショップを手伝ってくれた友人が、

「ねえ、引っ越す気ない？　絶対に気にいると思う家があるんだけれど、めったに通らない道を車でたまたま通ったら、貸家の看板が出ていたのよ」と教えてくれました。その友人の娘さんと、私の娘は親友です。その家は、彼女の自宅から歩いて5分もかからないところにあるというのです。

話を聞いてすぐ現地に行き、窓から覗いてみると、まさしく天井の高い木の床の部屋でした。早速、翌日の午前中に不動産屋と会う約束をしました。

家の中を見せてもらうと、文句のつけようもない、願った通りの物件でした。でも家賃はこれまでの倍以上になることがわかりました。スペースが何倍にもなるのですから致し方ありません。

私は、私が願った全てのことが叶っているのに、お金のことを理由に、この物件を断るのは馬鹿だ！　と思い、契約に踏み切りました。そもそも、家賃のことは私の願った条件には、入っていなかったのですから。

それからの10年間の賃貸契約中に、家賃の支払いが滞るようなことは一度もなく、いつも護られていました。ちなみに、この家との出会いは、私が願ってからたった2日後のことでした。

そして2020年には、皆さまからのサポートもいただき、購入することができました。音の拠点として、未来にも存在し続けることができます。本当にありがたいことです。

真実を伝える決意

2011年の東日本大震災は、私の意識を大きく変えました。それまでの私は、この地球は、自分のいるところではなく、一刻も早くお役目を終えたら、光の世界に戻りたいと思っていたのです。この地球には、居場所がなく、どこか別の光の世界に自分が属しているような意識がありました。それが、震災をきっかけに、

「ああ、もう帰るところなんて、ないのだ。ここ（地球）が、光になるまで、やりにきたのだ。私は、自分の足で立って、自分にできることを等身大でやっていこう」という意識に変わりました。

それからしばらくして、阿蘇に、2台のライアーをお届けにあがりました。オーナーさんが、お仲間を10人ぐらい集めてくれたので、体験会を催しました。私は、いくつかのライアーの音を紹介し、メタルの楽器をみんなで奏でたり、ライアーに合わせて、声を出したりしました。そのような会を一人で行ったのは初めてでした。とてもよい感触があり、これからもこんな風

Photo by KIRINO TOMOAKI

にやっていきたいと思いました。

ところが、その日の夕方から、だんだん喉の調子が悪くなり、ついには声が出なくなってしまったのです。私は、自分の行いに何か間違いがあったのかと、振り返りましたが、心当たりはありません。数日経っても、声は回復しませんでした。このようなワークを自分でするのが時期尚早というメッセージだったのでしょうか?

ちょうど、その頃、インドで知り合った友人が、もう一人の霊能者の方と二人で、ヒーリングとリーディングのセッションをされていました。1枠だけ空きが出たので、私も受けてみることにしました。

私は、数日間声が出なくなっていることを伝えました。リーディングができるRさんが、

「喉のチャクラのところに泥が詰まっていますね。ああ、でも、そこから蓮の花が開いていくイメージがあるから、悪いエネルギーではなさそうね。あら、ちょっと待って。全てが逆さまになっているわ。貴女が、洞窟の前にいる集団に、逆さ吊りにされているのが見えます。タージ・マハールみたいな建物も見えます。インドなのかな」

と言うのです。私はそれを聴いて、心当たりがありました。その集団のリーダーである方に、今生で、出会ったと思いました。私は、

「ああ、その集団の長に、物申したのだと思います。それで血祭りにあげられたのでしょう」

と言いました。そして瞑想の中で、その長に、

「あなたのしようとしていることに物申したことは、謝ります。あなたは、どうぞあなたの思う通りにされてください。でも、私も、私の方針を変えるつもりはありません。どうか、あなたは自由にされたらよいですが、今生では、私には関わらないでください」と伝えました。

私は、誰に何を言われようとも、私の中の真実を曲げないことを宣言しました。たとえ殺されても、真実を伝え続けると誓ったのです。

そのセッションが終わると、私の声は、元に戻っていました。

日本の仲間たちと立つ決意

２０１２年の夏、私は、ドイツで開催される「ライアーの世界大会」に初めて参加しました。日本から十数名の方をお連れする旅でした。世界大会では、「癒しの音」のワークショップを初めてドイツで開催する予定でした。私は、ライアーの本場であるドイツの皆さんから、いったいどんなことが学べるのだろうと、実に楽しみにしていました。

さて、ワークショップ当日。音の響きの中で、感情が動いて、涙する方が何人もいました。その方たちは、ワークを中座され、その後、ほとんどが戻ってこられませんでした。後から、

「人前で涙するなんて、そんなに感情が動くことをするのは危険だ！」と言っていたと聞きました。感情が動いてこそ、病気になる原因も解消されるのに、それを知ってびっくりしました。

参加者には、アンドレアスの友人の音楽療法士で、施設でタオライアーのセッションをしている方もいました。私は、彼女に交換セッションをしてほしいとお願いしました。彼女のタオライアーの使い方は、自分がライアーを抱えて、相手もライアーを抱えて、お互いに交代に、音を届けあうというものでした。

「ほら、これがあなたの音ですよ」という風に。

私は、いつも自分が行うように、彼女にソファーに横になってもらい、からだの上でライアーを奏でました。彼女は、その振動に驚いて、「こんなことをして、大丈夫なの？」と言いました。

その旅から戻り、私は、このタオライアーの使い方に関しては、ドイツよりも、日本でのほうが、うんと進んでいる。ドイツから教えてもらうのを待つのではなくて、いま、私の周りにいる人と、いまできることをして、みなさんに伝えていこうと強く思ったのです。

全国各地をワークショップ開催のために回るようになったのは、それからのことです。自分で決めたから、そうなったのですね。

からだに伝わる振動

からだに伝わるライアーの音の振動には、どんな作用があるのでしょうか。

砂浜でうつ伏せになり、背中でタオライアーを奏でてもらったことがあります。そのとき、背中で響いているはずの音が、全て、膝に集中してくるのを感じました。膝は、砂に触れているだけで、ライアーには触れていませんでした。

私は「ああ、やっぱりそうなんだ」と思いました。自分のからだの響きを通じて、ある確信が生まれたのです。そのとき、私は、膝を痛めていました。音は、からだの不具合のあるところに集中して届けられるのだということが体感で確かめられました。

以前に、ある人にライアーを奏でたら、特定の音が下がったことがありました。何度調弦をしなおしても、同じ音ばかりが下がりました。施術後に、その音が作用する臓器は何なのかを調べてみると、脾臓《ひぞう》でした。その方は、糖尿病を患っておられました。音が、そこに届いたのかなと思いました。

不具合がある部位の細胞は、細胞同士のつながりが希薄になっていたり、途切れていたり、逆に凝り固まったりしているのではないでしょうか。それを、音の振動が少しずつほぐしていくように感じたのです。あくまで私のイメージでしかありませんが。

大きな木のテーブルに、ライアーを置いて、数名の方に、テーブルに左耳を下にして頭をつけるように促して、音の響きを聴いていただくことがあります。左耳で聴くと、音は右脳に届くので思考をはずす効果もあります。木の床に寝転んでいただき、同様にする場合もあります。寝転ぶ場合、仰向けになると、意識は外側に開かれたままです。うつ伏せになると、自分の内側に入りやすくなります。ですから、音を体験していただく方が思考的な場合は、うつ伏せになっていただくと、より効果があるように思います。

さて、こんな風にして、同時に、同じ音の振動を感じていただいたのに、それぞれの方の反応や感想は、いつも異なっていました。

「視界がはっきりしました」

「朝からの頭痛が気にならなくなっています」

「腰が楽になりました」

「子宮に響きました」といった具合にです。

ですから、みなさんの反応を通して、それぞれの滞りのあるところに、音の振動が影響するのだろうと想像はしていました。それが、自分のからだを通して実感できました。

空間への影響

なんとなく嫌な感じのする空間で、音を出したり、声を響かせたり、手を叩いたりすると、場のエネルギーが変わる体験をしたことがある方もいると思います。

とても印象的な体験があります。ある体育館で、音のワークショップを始めるために準備をしていたときのことです。ガイアという、地球と共鳴することを目的にしたライアーの調弦をしていました。私のガイアは、普段、ほとんど音が狂うことがありません。

ところが、その日、その会場では、いったい何があったの？　と驚くぐらい、滅茶苦茶に音が狂っていました。そして、高音の弦から調整を始めたのに、まだ指が触れもしないうちに、太い、低い音の弦が、「パン」と音をたてて切れたのです。

なんとか全部の弦を調整し終わってからは、その後の数日間のワークショップ中に、そのガイアが、再び狂うことはありませんでした。自宅に戻ってからも狂いませんでした。

その場、その空間の調整のために、必要な音が届けられたのだろうな、と思いました。何も証明する術はありませんが、音には、そのような力があると思います。

セッションなどで、からだの上でライアーを響かせるときに、直前にチューニングしていたにもかかわらず、ライアーの音が下がっていることもあります。奏でる手を止めて、音を合わせても、また下がったりします。そういうときも、おそらくその音が、その方のからだ、あるいは、そのときの空間に必要なのかもしれないと思います。もしかしたら、自分に必要な場合もあるかもしれません。

神社や聖地のような場所で、ライアーを奏でる前に音を整えますが、稀に、何度も何度も調弦しないと音が合わなかった経験もあります。それも、その場を整えさせていただいたのか、その場で奏でることができるように自分を整えたのかの判断は難しいです。

自分を消しすぎた体験

私が奏でる音には、私の全てが現れると思っています。悲しいと感じれば、それが音に載るでしょうし、楽しいと感じれば、それが音になるでしょう。私が、愛の存在であれば、愛が伝わるでしょう。

音に、いかに「私」というエゴを載せないか、私が、どのように、その空間に存在しているのか、私は、常にそれを意識して音を奏でています。これは、あまりにもストイックにやり過ぎた頃の実例ですが、参考までにお話ししておきます。

２０１1年の暮れのことでした。その頃の私は、音のセッションをするときに、「私がここに存在していてはいけない」と思い、なるべく自分を消していました。「私がその空間に存在していては、邪魔だ」と真剣に思っていたのです。

その当時、音のプライベートセッションを気に入って、何度も受けてくれていた方がいました。その方が、私を見て顔色が悪いけど、具合が悪いのでは？　と心配してくれました。私には、全く自覚症状がなく、いつも通り元気なつもりでした。

彼女は、何かがおかしいと感じて、「お地蔵さん」という愛称の施術家を派遣してくれました。お地蔵さんは、何やら波動の機械を持参して、私のエネルギーを計測しながら、何某かのヒーリングを施してくれました。

数10分の施術の後、私は、ストンと気持ちよい眠りに落ち、さらに10数分が経ったと思います。とても気持ちよく休まった心地でした。お地蔵さんは、目覚めた私に、真面目な顔をして、「自分が思っているような状態ではありませんよ。これから僕の言う通りに、１か月先までの予定は全部キャンセルして、この機械による施術を続けてください」と言いました。

そう言われても、どこにも自覚症状がない私は、数日後から、娘と阿蘇に旅立とうとしていました。ところが、その日の夕方、友人宅に遊びに行っていた娘を迎えに行くと、朝は元気だったのに、熱を出し、嘔吐しているではありませんか。旅行どころではなくなり、予定をキャンセルして、数日間、娘の看病をしました。

少し元気になり、ほっとした夜、食事を終え、やれやれと、畳に背中を預けた瞬間、

「あ、このまま逝ける！」と思いました。そのまま昇天できそうな気がしたのです。

「いやいや、まだ逝きませんよ！　そちら（天）に行けば、もっと自由に働けるかもしれませんが、私にはまだ幼いこの娘がいるし、地球でやり残していることもあるので、まだ、この肉体に留まります！」と強く思いました。

その瞬間、スッと、肉体に戻ったのを感じました。

翌日、再び、お地蔵さんが様子を見に来てくれました。数日前と同じ施術をした後に、

「この前と全然状態が違うけれど、わかっている？　いったい何をしたの？」と聞きました。

私は、

「魂が外に出ていたのですよね？　戻りました」と答えました。

「よかったね」とお地蔵さん。それっきり彼には、お会いしていません。自分を消しすぎて、危うく命を失いかけたお話でした。私は、「自分は存在してはいけない」と自分自身の存在に対する最大の冒瀆《ぼうとく》を行っていたことに気づいていませんでした。

意図によるエネルギーの変化

さて、そのような体験をしてから、しばらくした頃、北海道の洞爺湖で、ライアーの制作ワークショップがありました。

当時は、ライアーを迎えてくださる方全員に、音の体験をしておいてほしいという願いから、音の1時間のミニワークをプレゼントしていました。

その日は、私が一人で10人ぐらいの方のセッションを先に始めていました。途中から入室してきたアンドレアスは、セッションが終わると、

「今日、君はいったい何をしたの？　部屋に入ったときの空気感が、いつもと全く違っていたよ。何か、いつもと違うことをしただろう？」と聞きました。

私は、いつも通りの手順で進めていたので、何も変えてはいないと答えました。が、彼は、聞き入れませんでした。絶対に何かをしたはずだというのです。そこで、私は、あることに気づきました。

自分の意図を変えていたのです。それまでは、自分を消していましたが、

「私は、この場で、みなさんの意図が叶うように、最善を起こすために、喜んで存在します」

という意図に変えたと伝えました。アンドレアスは、ようやく納得して、「いままでと全然違うよ。素晴らしい空気感だった」と言いました。

それ以来、セッションをするときには、ずっと、このように意図するようにしています。何を意図して存在しているのかは、とても大切なことなのです。そして、セッションを受ける方にも、セッションを通してどうなりたいのかを、意図していただいています。

完全に信頼するまでの数々のお試し

今でこそ、何があっても動じないぐらいになりましたが、アンドレアスとライアー制作ワークショップを開催している間に、さまざまなお試しがありました。それは、ドイツから送ったはずのものが届かないという、数限りないお試しでした。

初回は、仕上げに塗るニスが届きませんでした。税関で可燃物として没収されてしまったのです。仕方がないので、日本で手に入る天然のワックスで代用しました。

次には、初めてライアーのケースをつくってもらったとき、そのケースが届いたのは、なんとライアーが生まれてくる最終日でした。ギリギリセーフでしたが、ずっと「届く」「間に合う」と信頼し続けなければなりませんでした。

ライアーの弦が一式全部消えてしまったワークショップもありました。ドイツからは発送したはずなのに、届いた箱の中に見当たらなかったのです。私は、皆さんが到着する前夜、忙しく解決策に思いをめぐらせて、夜を過ごしました。

ワークショップ初日の朝、皆さんに、全てのライアーが仕上がらないことを話しました。弦が届かなかったので、一部のライアーしか生み出せない。残りのライアーについては、もう1泊していただければ、弦がドイツから届く可能性があること。今回、生み出さずにお帰りになる方のものは、後日、ご自宅で生み出していただけるようにするか、こちらで仕上げて、お届けすることの中から、ご希望を選んでいただくことを提案しました。すると、「なんだ、そんなことですか。もっと大変なことが起きたのかと思った」「私は急がないので、他の方に」「弦を張ってもらえるなんて、ラッキーです。お任せします」「私は、予定通り生みたいです」「もう1日滞在を延ばします」と、それぞれが無理することなく、問題なく解決されていったのです。

最悪の事態と思ったことが、実は、最善を尽くして、みなさんに許されるという愛を学ぶ体験になりました。このときの制作会場は、和歌山の白浜、海のすぐそばだったのですが、私の耳に潮騒が届いたのは、弦のことが解決した初日の夜のことでした。それまでは、潮騒が聴こえないほど、問題解決に意識を集中させていたようでした。

頼んだラフモデルのセットが違う会場に送られてしまったこともありましたし、間に合わなかったこともありました。自分用に用意していたものを差し出して凌いだこともありました。アメリカまで、日本からわざわざ来てくれた方のラフモデルが間に合わなかったときには、流石に、気絶しそうになりました。でも、実は、当初から、「その方がつくるのは、そのライアーではない」というメッセージを受け取っていたので、「やっぱりそうだったか」と思いました。

そのときにできる最善のフォローをさせていただき、結果は、当初の希望とは違うライアーが、そのときに本当に必要なライアーだったとご納得いただけました。

何度も、こういう経験を繰り返していると、最善の努力を尽くしたら、結果がどうであれ、それを素直に受け取れるようになりました。そうしていれば、憂いも心配もありません。為すべきことは、必ず為されるし、宇宙の流れにないものは、どんなに努力しても、成立しないのです。

似て非なるもの

私が最初にライアーに出合ったのは、演奏用のライアーでした。楽曲を弾いていました。ですから、ライアーの曲を聴くのは好きでした。池末みゆきさんの演奏はもとより、イギリスのジョン・ビリングさんや、２０１２年のライアー世界大会で出会ったチェコのヤン・ブラウンシュタインさんの演奏は大好きで、是非日本のみなさんにも聴く機会があればよいと思い、彼の2度の来日時のコンサートのお手伝いをしたこともあります。

ところが、不思議な現象が2年連続で起きて、私は、あることに気がつきました。これはただの偶然だったのかもしれませんが、ヤンさんのコンサートのお手伝いをしていた日に、初回は、ライアーを抱えていて立ち上がろうとして、膝をクキッといわせてしまいました。しばらく放置していたら、終《しま》いには痛みで歩行困難になり、完治するのに、何年もかかりました。

その翌年の来日時には、アカシャでコンサートをお願いしていました。客席をつくるため、2階から椅子を運んでいるときに、足を滑らせ階段から落ちて、尾骶骨《びていこつ》を強打。このときは、すぐに動けなくなりました。

一度目は足のケガ。それでも動くのを止めないので、今度は腰です。どうにも動けません。

このときばかりは、私もメッセージを受け入れました。以降、いくら好きでも、演奏用のライアーの活動のサポートには、一切手を出さないことにしました。

演奏用のライアーの世界と、私がお伝えしているソウルサウンドライアーの世界の入り口は、すぐ隣にドアが並んでいるような感じだと思います。でも、実は、ゴールは全く違うのかもしれません。音楽で行ける世界と、音が連れていってくれる世界は微妙に、でも全く違うのです。私に用意された道は、ひとつなので、よく似ているけれども完全に一致しないものについては、手放していく必要を感じました。

ダークルームで気づいたこと

この感覚については、後年、30年来、固形物を摂らない不食を続けているオーストラリアのジャスムヒーンさんのダークルームというセミナーに参加したときに実感したことに通じていました。ダークルームでは、自分の手すら見えない、本当の暗闇で10日間、固形物は一切摂らずに過ごします。1日3回、ホールに集合して瞑想したり、ジャスのメッセージを聴いたり、夜には音の中で瞑想をする時間がありましたが、そのほかの時間は各自、ひたすら自分の内側と向き合う時間を過ごします。

このとき、ホールと自室の毎日の移動も、もちろん暗闇です。自分の座る場所はあらかじめ、ヨガマット1枚分ほどのスペースが決まっていて、毎回、同じ場所に、暗闇の中でたどり着かねばなりません。消灯前に、各自、自分でわかるように歩いてみたり、目星をつけておくように促されます。自室の中でも消灯したままなので、トイレもシャワーも洗面も、ノートをとるのも全部暗闇です。

このとき、自室からホールの自分のスペースまで行くのに、スタート地点でほんの少しでも角度が違っていると、到着地が全く違うという経験を何度もしました。到着した場所と、自分の行きたい場所の位置関係はわからないので、もう一度、目星をつけたスタート地点まで、壁沿いにぐるっと回って戻るしかありませんでした。

最初の一歩のほんの少しの違いが、まったく違うゴールに到達してしまうという、あまりにも歴然とした体験が、私の感覚に刻まれ、それ以降、何かをするときに、それは本当に私の魂がイエスと言っていることなのかと、より精査するようになりました。

だんだん宇宙からの課題は難問になってきており、よくよく感じてみなければ、紛らわしい、似通ったものが提示されたりするのです。自分にとっての本物という感覚、真実という感覚に、常に開いていている必要があると思います。

私にとって、音は祈りそのもの。音楽は聴いていて楽しいし、好きです。でも、私自身が発し続けるのは音。それがみんなで集ったときには、自然と音が音楽になっていく世界に遊んでいたいのです。

このダークルームの期間中、私は、さまざまな体験をしたと思いますが、いまも心に残っている大切なことは、この似て非なるものの感覚と、私の探していたものは、自分の内側にみつかったという統合の感覚です。

暗闇の中で、私が探していたのは自分の女性性だったのか、と思い当たったとき、見えたビジョンは、アンドレアスのVサインでした。私が気づくまで、さまざまに手伝ってくれたのでしょう。魂の兄に感謝しました。それまで瞑想をしていて深く入るときに、私には、一つの目が浮かぶことが多かったのですが、この気づきを得てしばらくは、その一つ目が、女性の目に変わり、まつ毛がクルリとカールしていました。

マヤのアレハンドロ長老

2017年の春、初めてグアテマラを訪れました。キチェ・マヤ族のアレハンドロ長老が、肺の病に苦しんでおられると聞いて、いてもたってもいられなくなり、長年長老の通訳を務めてこられた、グランマ・エリザベスさんの元に急ぎました。

私は、なぜかアレハンドロ長老に、とても親しみを覚えていました。初めて長老のスピーチをうかがったとき、スペイン語で話されているのに、その内容がほとんど理解できたのです。心から伝わってくる感じでした。

みなさんから寄付を募って集めた、呼吸を楽にするための装置購入費用と、ホメオパシーのレメディーと、ライアーの音の響きをお届けするのが目的の旅でした。ところが、嬉しいことに、私が現地に赴くまでに、長老はかなりご快復なさっていて、お見舞いは、快気祝いになりました。

長老には、私のグアテマラ滞在最後の日、それも、空港に発つ前のわずかな時間に、ようやくお会いすることができました。おそるおそる、ライアーを取り出して、長老のおからだの上で奏でさせていただきました。

「これは宇宙の音だね。水の流れ、鳥のさざめき、樹々のざわめき、自然の音の全てがここにある。シヴァもいる。富士も感じる。とても霊的だ。ずっとこの音の中に漂っていたい。どこまでも一緒についていきたい。これから貴方がこれを奏でるときには、私がそばにいることを思い出して欲しい」と言ってくださいました。

ああ、全てわかっていただけた、と嬉しくて、涙がこぼれました。

ニュージーランド　ワイタハ族のテ・ポロハウ長老からのアドバイス

あるとき、ポロハウ長老からアドバイスを頂戴したのだけれど、どうしたらよいでしょうか、という質問を受けました。そのアドバイスというのは、

「ライアーの音を使ったヒーリングのセッションをしたいのですが」という問いにポロハウ長老は、

「ライアーの音は、西洋の音階だから、何か日本のメロディーをCDなどで聴いてもらうのがいいでしょう」と勧められたというのです。

その数日後に、ちょうどポロハウ長老に会う機会がありました。私は、ポロハウ長老を日本に招いている中谷淳子さんが、ニュージーランドに持参されるライアーは、西洋音階のステラであることを知っていました。ですから、長老は、ステラの音を聴いて、西洋を感じられているのだ、と思いました。

そこで私は、ステラの音を、一音だけ変えて和音階にして、長老にお聴かせしようと思いました。あらかじめ、淳子さんに、少し長老に音を聴いていただく時間が欲しいことをお伝えしておきました。

祈りの前の時間に、そのチャンスが到来しました。長老の頭上で、和音階のステラを奏でさせていただきますと、長老は、鳥肌を立てて、涙も流されて、「日本に必要なのはこの音です」とおっしゃいました。

それから後、私は、訪れる土地によって、ステラの音を、西洋音階にしたり、和音階にしたり、その場で必要に応じて変えて奏でるようになりました。特に、出雲で和音階のステラを奏でたときには、ようやく出雲の神々に受け入れていただいたような心持ちになりました。そのときは、奏で終えると、拝殿に美しく日が差し込みました。

現在では、沖縄音階にすることも多いです。

いま、ふと、和も洋もない、タオライアーの音を、長老はどんな風にお感じになるのだろう？　と思いました。いつか機会があったら、お試しいただきたいと思います。

父とライアー

父は生前、何度もアカシャまで足を運んでくれていました。もともと音楽が好きで、オーディオマニアだったぐらいですから、ライアーの音色は大好きでした。

私は、父のもとに、いつでも奏でられるように、タオライアーを1台置いていました。父が独りで生活することが難しくなり、施設に移ってしばらくすると、私が長期の出張に出ている間に、発熱しては病院に送られ、下痢をしては病院に送られ、次第に状態が悪くなっていきました。

私は、医者でもあり、その施設のオーナーでもあった知人の先生に、

「これ以上、よくなることは求めていないので、次に何かの症状が出たとき、どうか病院で西洋医学的な処置はせずに、見守っていただけませんか？」と願い出ました。点滴や、胃ろうなどの処置もしない選択をしました。食べることが何より好きな父が、自分の意志で食べられなくなってまで、生きていたいとは、思えなかったからです。それは、父にとっては拷問だと思いました。

ある日、父に会いに行くと、ベッドで心地よさそうにしていたので、ライアー弾こうか？と聞いてみました。こっくりうなずくので、おなかの上でしばらく奏でました。

「頭のほうでも弾こうか？」と聞いてみると、またうなずくので、頭頂にライアーを当てて、そ〜っとそ〜っと音を出しました。

父は、本当に心地よさそうな顔をしていました。まるで赤ちゃんがにっこり微笑むような、そんな笑みを浮かべていました。私は、

「そうよ、そこに行くだけだからね。何にも怖くないよ。そんな世界に還るだけだからね」と

思いながら、音を奏で続けました。涙が頬を伝いました。この日の父の顔を忘れることはありません。

父とのさよなら

父が入所している施設から電話がかかってきたのは、私が娘の学校行事に参加するために、屋久島からとんぼ返りしてきたその日の夜のことでした。翌朝には、ライアー制作ワークショップのために、また、屋久島に飛んで帰る予定にしていました。

屋久島に旅立つ前日に、施設を訪れたときには、嬉しそうに迎えてくれて、元気そうだったのに。急に水分をとれなくなったそうです。余命1週間ぐらいかもしれないといわれました。私は、翌日、父を見舞ってから屋久島に行くことにしました。屋久島では、たくさんのライアーが生まれてくるタイミングでした。ライアーが生まれる瞬間に付き添って、奏で方、扱い方をお伝えするのが、私の役目でした。

私が父に付き添っていたとしても、父の命が永らえるわけではないと思いました。私は父に言いました。「今からまた、屋久島に行ってくるからね。5日したら戻ってくるから、私に会いたかったら、それまで待っててよ。そのあとは、ずっと一緒にいるからね」そう言いおいて、

Photo by KIRINO TOMOAKI

出かけたのです。

すぐに娘に電話で伝えました。「おじいちゃんが、思っていたより具合が悪くなっているから。あと1週間ぐらいしか、もたないかもしれないと言われたから。もし、まだ話せる間に会いたかったら、すぐに行っておいでね」そう伝えたのです。

その翌日の夜、屋久島の宿のバーベキュー小屋を貸し切りにした作業小屋で、グランドルフィンというライアーの産声があがり、みんなで祝いながら奏でていたときのこと。

ふいにガタガタガタガタと、窓という窓が急に風で揺れました。

私は、「あ、父が逝った」そう思いました。それから数分後、施設から電話がかかってきました。「お父さんがいま、逝かれました。娘さんが先ほどまでいらしていたのですが、お父さんの様態が悪くなったので、泊まり込もうとされて、着替えを取りに帰ったすぐ後のことでした。私が看取りました」と、先生が教えてくださいました。

父は、会いたかった孫娘に会えたので、その帰りを待つことも、娘の私の再訪を待つこともなく、さっさと独りで逝ってしまいました。そのあとのことは、不思議な計らいで、父は、最愛の連れ合いであった私の母の誕生日に茶毘《だび》に付されました。お通夜と葬儀の日にちが、その日程でしかとれなかったのです。

そのおかげで、私は、全てのライアーの誕生に立ち会い、「宇宙《そら》の音 地球《ほし》の声」の開催については、アンドレアスと、英語のできる仲間に任せて、関西に戻りました。私が関わらなかった音のワークショップは、このとき一度きりです。

私が留守の間、父の葬儀準備のさまざまは、当時高校生であった娘がしっかりやってくれていました。父は、私の娘が、いざというときには、ちゃんと私を支えてくれる存在であることも教えてくれました。

そのとき屋久島で開催された音のワークショップについて、私には、不思議な感覚が残っています。実際には現地にはいなかったはずなのに、まるで、その場にいたような記憶があるのです。魂で感じていたような気がするのです。そのとき、参加していた仲間からも、折に触れて私の存在を感じたと言われました。

音が導く弥勒の世

2018年の夏、北インドのラダック地方を旅しました。

ラダックは、中国文化圏のチベット自治区よりも、元来のチベット文化が色濃く残されている地域です。その中でも、最も僻地《へきち》にあり、冬には雪と氷で閉ざされる、ザンスカール地方のお祭りを目指しての旅でした。

そこで出会ったチベットの人たちは、日々の生活の中で、マントラを唱えていました。特に年配の方になると、マニ車という小さな法具を手に、1日に何回も唱えています。死ぬまでにどれだけ唱えたかによって、もしかしたら輪廻転生から解脱できるかもしれないという信仰があるそうです。

祭りに参列して、「オームマニペメフン」というマントラを一緒に唱えながら、そこにいる私とは別の私が、その場に存在するのを感じていました。

「今回、私は、なんと素晴らしいツールをいただいたことだろう。ライアーの音があれば、この音の響きの中に存在していれば、何年もかかって修行することなく、ほんの一瞬で、無我の境地、宇宙とつながる平安、永遠の場所にいくことができる。それが、どこか遠くの、もしかしたら到達できるかもしれない場所にあるのではなくて、自分の内側にあることを体験することができる。もしかしたら、死んだらいけるかもしれないのではなくて、いま、生きながらにして、それを体験してもらえる！　なんとすごいことだ！」と思う私がいたのです。

祭りの人足がひいて、静かになった僧院に、私は居残りました。チベット密教の開祖、グル・リンポチェが滞在していた部屋があるというので、訪ねてみたかったのです。僧院の中では、まだ読経が続いていました。入口にいた僧侶に案内してもらい、奥の中庭に面した、その部屋に通してもらうことができました。英語も通じず、ヒンディー語も通じず困っていたら、英語がわかる人がスッと現れて助けてくれました。

部屋には先客が数名いましたが、しばらくすると誰もいなくなりました。ひっそりした部屋の奥に座り、瞑想していると、突然、外からドアが閉まりました。施錠されてしまったのです。声をかけても、反応がありませんでした。

これは、しばらくここに留まる必要があるということだな、と思い、再び静かに座ることにしました。どのぐらいいたったでしょうか。ふいに、内側の廊下から、声が聴こえたので、「まだ、中にいます」と声をかけ、外に出してもらうことができました。

その数日後、レイというラダック最大の街に戻る途中、行きがけにも通った茶店で夕食をとりました。茶店の前には、10メートル以上はありそうな岩山があり、その岩山の前面に、弥勒菩薩が彫刻されています。

「いつか弥勒菩薩がこの世に現れるとき、この世は平和になる」

という意味のことが、説明の札に書かれていました。

弥勒の世というのは、弥勒菩薩という存在が、外側に現れることでしょうか。実はそうではなく、自らの内側にはじめから存在していることに気づくこと。全ての人が、元々、弥勒なのであるという世の中なのだと本当に腑に落ちたのはこのときでした。

私が音を通してお伝えしたいことは、私たちは、完全で完璧な存在であるということ。そこに立ち戻って共鳴していれば、何も問題はないということ。この今の瞬間には、何も問題はないということです。憂いは、過去の出来事への後悔や、未来への不安から生まれます。いまこの一瞬に意識を置き続けることで、常に平安でいられます。ライアーの音は、そこに連れていってくれる非常にパワフルなツールなのです。

魂の慟哭再び

２０１８年の秋、強い台風が関西を襲いました。各地に被害がありましたが、鞍馬寺も被害を受け、しばらくの間ケーブルが止まり、奥の院への道はしばらく閉鎖されていました。

２０１９年のお正月、奥の院への道が開通したと知り、私は早速鞍馬寺に向かいました。御本殿に入ると、樹齢８００年を超す御神木が真っ逆さまになり、根っこが上になった写真が飾られていました。台風でなぎ倒され、お社も潰されてしまったので復興のための寄付が募られていたのです。

私の心はショックのあまり張り裂けそうになりました。山道を急ぎました。嗚咽がこみ上げてきました。木の根の道とよばれるところで、その御神木の姿を見るやいなや、私は、地面にひれ伏して、何度も何度も許しを請いました。心の底から謝りました。地球の断末魔を見せられたと思ったのです。

「こんなになるまで、私たちは、いままでの生き方をやめなかったのだ。ごめんなさい。ごめんなさい」

自分のちっぽけさを思い知らされた心持ちでした。

「こんなちっぽけな3次元的な悩みに振り回されている時間なんて、もうない。私とアンドレアスの学びの関係はもうお終い。私は、このスターシードをこの世に下ろすために、アンドレアスに出会ったのだから、スターシードが生まれ、ひとつの目的が達成された今、もう彼と物理的に一緒にいようが、いまいが、そんなことは構わない。私は、たとえ独りでも、この音を地球上に届けます。どうか、私をもっとお使いください。なんの条件も申しません。どうぞ使ってください」

心の底から、そんな風に叫んでいました。台風が通ったあと、多くの木々がなぎ倒されたままになっていました。その前年、私は、思うような活動ができなかったことを悔いていました。本当なら、もっとあちらこちらへ出向きたかったのに。アンドレアスの調子が悪かったり、彼との予定が合わなかったりで、一緒に行動できなかったので、本来ならしたかったことを、あきらめたことが何度もありました。

自分ではなく、状況や相手を変えようとしていたことに気づき、悔いていました。変わることができるとすれば、それは自分だけなのですから。

しばらく涙ながらにスターシードを奏でていました。すると、木の根から、「そんなに嘆くことなかれ。私たちの命は、地中でつながっていて、受け継がれているのだから」と伝えられました。

その年、私は、エジプト、アメリカ、メキシコ、モンゴル、バリ島など、本当によく動かされました。その翌年には、インドとニュージーランドにも赴きました。そのほとんどが私の一人旅または、私がグループを率いての旅でした。

その後、２０２０年の3月に、世界の国々は、コロナにより国境を閉じ、行き来がままならなくなることなど予想もしていませんでしたが、その前の、急《せ》かされたような動きであったことは間違いありません。

タオの底力

日本に限らず、世界の各地を旅して、ご縁のある場所でライアーを奏でてきました。そんな旅のお供は、多くの場合はタオライアーでした。仲間と一緒に旅をして、なんの打ち合わせもなく、祈りの心持ちで、すっと奏でられるからです。

Photo by KIRINO TOMOAKI

海外では、ニュージーランド、マヤ、そしてエジプトの聖地で、仲間と共に音と祈りの環をつくりました。エジプトでは、古来、音は王様が特別の場合に使う秘儀であるとされていたため、神殿をはじめとする聖地で、無暗に音を出すことは許されていません。

２０１９年に、ライアーを携えて、仲間とエジプトの旅をしたときも、現地のルールを破らないようにして、導かれ、許される場所で、ライアーの音を通じて、祈りを捧げてきました。

その旅の私の道連れは、はるか昔に、エジプトでシリウス星と交信していた音かもしれないと想定しているスターシードでした。ちょうど夏至の日の早朝、日本では富士山、ボスニアのピラミッドでも、やはり祈りの場が持たれることを知っていたので、各地とつながる意識で、私たちも祈りの時間を持ちました。

みなさんが、自分が奏でたいライアーを選んだところ、私の手元には、スターシードではなく、タオライアーが回ってきました。奏ではじめると、地中から宇宙まで、突き通すような物すごい勢いで、光の柱が立ち上りました。私は、このとき、タオの底力をみたような気がしました。祈りを終えて外に出ると、夜明け前の空には満月がまだ煌々と輝いていました。

蓮の花びらが降りそそぐ

２０２０年の1月、私は南インドに滞在していました。声の師であるシルビア・ナカッチがグル（師匠）と仰ぐ、インドの古典的な歌唱法ドゥルパドの大家から、直接歌唱法を学ぶための旅でした。シルビアからは、「私の声」というものは存在しないことを学びました。「声」は自由で、どんな声にでもなれるのだと。人は、少なくとも20種類ぐらいの声が出せると。そして、私は、この旅の間に、「声が光になる」体験をすることができたのです。

私にとって、音を通じて光とつながることは、自然にできることですが、声は自分と近すぎて、なかなかに難しかったのです。それが、声でもそこまで行ける！　ということがわかりました。

実は、その旅に出ることを躊躇《ちゅうちょ》した時期がありました。いまの拠点であるアカシャの家屋の購入を決めた際、一部の資金が足りないところを、ソウルサウンドファミリーのみなさんに寄付してくださるよう、お願いしていた時期に重なっていたからです。私の思考は、「寄付をお願いしているのだから、自分でもイベントを開催したり、どこかに出向いたりして努力をするべきだ！」と言いました。

魂は、

「これまで何回も、インドに行くチャンスを見送ってきたのだから、今回は自分の声の学びを優先させたい！」と言いました。

私は、魂に従いました。インドのホテルで、パソコンを開くと、私自身は海外にいるにもかかわらず、仲間のみなさんからの温かい励ましのメッセージと共に、アカシャの購入のための資金が続々と振り込まれていました。いま、そのことを思い出すだけでも感謝の涙が溢れてきます。私は、自分が何もしなくても、愛をいただけることに感動していました。本当に頭上から蓮の花びらが降ってくるかのような体験でした。私が何かをして、その見返りに受け取るのではなく、私という存在に対しての助けでした。

その数日間、私の目の前に、金粉のようなものがチラチラするのが見えていました。インドのことなので、金色の小さな虫がいるのかもしれないと思って、友人にも見てもらいましたが、そんなものは見えないといいます。金粉は、2、3日で見えなくなりました。

私は、「助けて」と言ったら、それに応えて助けの手が差し伸べられたことを、これからずっと忘れません。これからは、アカシャのような音の拠点が、各地にできるように、みんなで手を差し伸べあっていくひな型になるように、存在していたいと思っています。

国境が閉じられて

2020年3月16日、モクレンの花満開のその日、2つのことが起きました。1つは、アカシャというこの拠点を購入する契約が成立しました。コロナ禍になっても、自分の拠点があり、庭があるというのは本当にありがたいことで、何も憂いがありませんでした。

そしてもう1つは、その日を境に、国境が閉じられました。私は、その2日後の3月18日から、仲間とボリビア・ウユニ塩湖とペルーへの旅に出かける予定にしていました。でも、ペルーが国境を閉じるかもしれないという情報が事前に入ってきたので、様子をみていました。

私は判断に迷いました。このような状況下で、一般の観光客が少なくなっているときに訪れて、静かに祈らせていただけるならGO！　でも、現地入りしてから隔離などの制約を受け、自由に旅ができないのは困りますし、国境封鎖で帰国が困難になる可能性もありました。

そこで、私は、宇宙に問いかけてみました。

「いまのような状況では、現地に向かえばよいのか、やめればよいのか、判断がつきかねます。一人旅でしたら、どんな状況でも祈りに行かせていただきますが、私には、同行される方を無事に連れて戻ってくる責任があります。もっと明確に、どうすればよいのか教えてください」

と聞いたのです。

するとと、返事は、ＮＯ！　そしてペルーのみならず、世界各地の国境が封鎖されました。

グァテマラのグランマ・エリザベスさんと、ボリビアのグランマ・ローズマリーさんが準備をしてくれた「水の祈り」がテーマの旅は、宙に浮いたままです。２０２３年新春の新月には、催行できることを願っています。

アカシャ10周年

２０２０年7月23日、アカシャは、10周年を迎えました。当初は、10周年を記念して、大きな会場を借りて、３００人ぐらいのソウルサウンドファミリーで集まって、音を奏でたいと思って企画していました。それまでに集まった最大の環は、50名ぐらいでした。私の50歳の誕生日のオーナー会のことでしたので、今度は３００人の環をつくるのが、とても楽しみでした。

10周年記念に際して、みなさんにアカシャ購入の費用のご寄付をお願いし、そのお礼にパーティーへの参加や、ヒーリングセッション、ライアー制作のキットが当選する抽選会などを準備していました。

ところが、コロナ禍による自粛が求められ、３００人規模の集まりは、到底開催することがかないませんでした。対面のセッションを行うことも難しい状況でした。その代わりに、当日は、アカシャに20名ぐらいが集ってくださり、全国のファミリーと、アンドレアスと、海外のオーナーさんとも、Ｚｏｏｍでつながることができました。

ライアーを介してつながった仲間たちの環が、10年でこんなに広がったことが、嬉しくて、しみじみ有難い宝物のような時間でした。当日の配信を手伝ってくれた人はもとより、記念品をデザインしてつくってくれた人、これまでの歩みを年表にしてくれた人、記念日前後に泊まり込みで手伝いに来てくれた仲間と、その食事の世話を買ってでてくれた人、当日料理で腕をふるってくれた人など、多くの人の手をお借りしました。

「みんながみんなの応援団」と始めたことで、そのみなさんに一番応援していただいているのが、私だったのだなと思いました。本当にありがたいことです。

和の生活からの気づき

コロナ禍により、それまで開催していたワークショップが実施できなくなり、私には、時間のゆとりが生じました。以前から、着物を日常で着てみたかったので、早速、「無重力着付」を教えてもらいました。着物の帯を解くと楽になるような着方ではなくて、日常の生活で着物を楽に着る着付け方と、和の所作を教えていただきました。

この和の振る舞いには、音を奏でるときにヒントになることがいっぱいありました。例えば、ドアを開けるときには、ノブを回して押す、あるいは引くなど、その動作は一瞬で完了します。でも、日本の引き戸ですと、しばらく継続して動かす時間が続きます。そのような所作を実例に、音を奏でることをお伝えすればよいと気づきました。

そして、着物を着るために用いる紐や帯の締め方により、仙骨がたって、腰が楽になりました。着付けを始めた当初、2週間、毎日浴衣を着て過ごすことが宿題に出されました。夜もそのまま休みます。ほぼ毎日着ていたある日、外出時に洋装で出かけたところ、背中の支えがなくなったような感じがしました。その後、珍しく軽い腰痛になりました。着物を着ることの効用がよくわかりました。

コロナ禍に始めたことは、他にもあります。アンドレアスが来日しなくなったので、私は大きな車を手放して、自分でも運転できる車に買い替え、車の運転を始めました。主な目的は、水を汲みに行くことと、車で15分ほどのところにある、甘南備山を歩きたかったのです。

それと同じ頃、ずっと封印していた囲炉裏をあけて、囲炉裏のある生活も始めました。最初から囲炉裏はあったのですが、子どもが幼いときは、目が行き届かないと危ないこともあるかと思い、蓋をしていました。

車の運転と、囲炉裏生活をほぼ同時に始めたことで、ここにも気づきがありました。慣れない運転をすると、特に高速走行では異常に喉が渇くのです。私は、自分が緊張して交感神経優位になっていることに気づきました。それが、囲炉裏の側にいると、とてもくつろいで、炭をいじっていると、終日何もせずに終わってしまうようなこともありました。こちらは副交感神経優位の状態です。

このどちらに偏りすぎても、音を奏でるときには、うまくいかないように思います。自分が立ちすぎていてもいけないし、緩みすぎていても、敏感に反応できそうにありません。ちょうど中庸のバランスのよい状態を意識するのに、とてもよい経験になりました。

ライアーで自律神経を調律

交感神経と、副交感神経について最初に意識したのは、座禅断食に参加して、ライアーを奏でさせていただいたときでした。あるとき、断食会の前日まで、ライアー制作のワークショップを開催していました。ワークショップ中は、完全にスイッチが入った状態ですから、交感神経が優位な私がいます。

それが終わり、ほっと気が抜けたところでの断食だったので、座禅の間、いつもなら、ちゃんと呼吸数がカウントできるのに、このときは、毎回毎回途中で意識が遠のいて、数を数えきることが全くできませんでした。副交感神経が優位になり、緩んでいたのでしょう。眠くて仕方ありませんでした。

断食2日目の午後、講師の方に「ライアーお願いできますか」と言われ、正直びっくりしました。今回は、座禅中にうとうとしている有様ですから、ライアーをお願いされることはないだろうと思っていたのです。せっかくなので、喜んでお引き受けし、調弦しました。

そして、お部屋の中央で、少しだけ奏でると、すぐに、みなさんの頭上や、からだの上で奏でて回りました。そのとき、ちょうどよい塩梅に交感神経のスイッチが入ったのでしょう。

このライアー体験会の後の座禅は、どれも完璧に意識が集中できて、呼吸も数えきることができました。

それとは反対に、つい最近参加した折には、この本の原稿を抱えており、もういい加減に原稿を仕上げないとならない時期だったので、私の頭は文章でいっぱいでした。つまり交感神経優位の状態です。一生懸命呼吸をカウントしていても、いつの間にか、マインドに支配され、考え事になり、何度も数えなおしをするはめになりました。眠気はきませんでしたが。

そのときも、ライアーをみなさんに体験していただく機会をいただき、その後はちゃんと呼吸に集中することができたのです。体験してくださったみなさんも、2日目の夜はつらいはずなのに、ライアーの後は、ずっと調子がよかったと喜んでくださいました。ライアーによる自律神経調整は、かなり効果があるようです。

日本の木の声を聴きたい

日本の木でライアーをつくるのが、夢でした。2018年頃から、日本の講師たちが、研鑽《けんさん》を重ねていて、今では、日本材の小さなライアーを生みだすワークショップも開催できるようになりました。

2021年の春分の日には、倒れた御神木をライアーに再生させるプロジェクトも、立ち上がりました。淡路島の諭鶴羽《ゆづるは》神社のアカガシが、第一号になる予定で、準備を進めています。虫害と、台風のダブルパンチで倒れてしまった御神木を譲り受け、森から伐りだす作業から手伝いました。現在は、製材したものをゆっくりと乾燥させています。神社の集会室で、ライアーに再生させ、森にその声を響かせる日が楽しみです。それには、ぜひ、地元の子どもたちにも参加してほしいと思います。

滋賀の徳唱寺のツクバネガシも、ライアーとしての再生を待っています。

このようなプロジェクトを、日本全国で行いたいという希望があります。倒れた御神木が、そのまま朽ち果てる前に、あるいは人間の都合で倒されてしまうときに、もう一度、その存在を、音を通して響かせ、蘇らせることができればと願っています。

新たなチャレンジ

２０２０年に取り組んだ新しいことは、もうひとつありました。それは、舞台で演奏をするということでした。実は、10年ほど前に苦い経験があり、それ以来、舞台での演奏やご奉納は、ずっとご辞退しておりました。

初めて御奉納にお声がけいただいたのは、鞍馬寺でした。このときは、主宰の方の趣旨と私の祈りがちょうど合致していたので、素晴らしい機会となりました。

ところが次に別の神社でさせていただいたときには、神様への御奉納というよりは、観客に向けてのパフォーマンスのようになってしまい、他のみなさんが自分の演奏を披露されるエネルギーに圧倒され、私はかたまってしまい、途中から、ステージ上で音を出すことができなくなりました。どこでどのように音を出すのかも指示されており、自由もなく、私には、そこに調和を見いだせなかったのです。

そのことがあってから、奉納演奏や舞台での演奏からは距離を置き、自分でお詣りさせていただいたときには、人気の少ないタイミングに、密やかに奏でさせていただくに留めておりました。

それがひょんなことから、沖縄で活動されている福田公子さんがプロデュースされた、２０２０年10月の淡路島・宇宙サミットのヘアーショーの舞台にお声がけいただき、新たな扉を開けました。舞台上で奏でることで、一度に数百人もの方に、音の存在、音の力を知っていただけるのなら、舞台の上にも乗ろうと思うようになりました。

この時は、声の方と舞の方と、陶彩画の草場一壽さんの絵をスクリーンに映し出してのステージでしたので、音が私単独で自由にできたのもありがたかったのです。

昨年再び、公子さんのお声がけで、出雲で開催された神在月の舞台のヘアーショーも、音でお手伝いさせていただきました。これまで秘めていた音を、いよいよ表に出す時がきたのかもしれないと感じています。それが楽しみでもあります。それには、声が関係しているような気がしています。

森のお手入れ

アンドレアスが教えてくれたことの中に、ツリーサポートという取り組みがあります。森は、人の手を借りなくても自然に命が受け継がれていきますが、そこに、ほんの少し、人が関わることで、未来を見通した森の形成が可能になります。

森の中で、これから数百年後に、その森の王者や女王になってくれる木を決めて、その木を中心に周りの手入れをするのです。手入れは、誰にでもできる簡単な作業です。まず、根っこの周りに堆積している不要な土や落ち葉を除去してやります。そして、自分の手が届く範囲ぐらいまで、古くなった樹皮をはがしてやります。特に、苔がついていると、雨の後、水分を含むため、気化現象でその部分が冷えてしまいます。根本周りの古い樹皮や苔の除去は、人間が足元を冷やさないようにするのと同じような効果があると思ってください。樹皮を剥ぐのは、角質をとるようなものです。

蔦が絡んでいたら、それも除去します。宿り木も取り除きます。最後に、木屑を燃焼させて灰にしたものを辺りに撒いてやります。木肌に素手で触れます。このような誰にでもできる簡単なお手入れで、木はとても元気になります。このあと光が射すと、森の中でその木だけが輝いてみえるかもしれません。

森の木は、根っこで全部つながっています。全部の木のケアができなくても、中心となる木のケアをすれば、そのエネルギーが森全体に伝わります。また、葉を通じて放出される水蒸気には、木からの情報も含まれていて、遠く離れた森と森とが交信しているともいわれています。

この木々によるエネルギーフィールドに、私たちは、ずっと守られてきたのです。

いま、それに代わって5Gをはじめとする電磁波の害にさらされていますが、各地で、このようなサポートをする人が増えることにより、少しずつ環境が変わっていくことを望んでいます。

2019年の春には、淡路島の沼島《ぬしま》八幡の杜のお手入れをさせていただきました。毎年継続してサポートしたかったのですが、現在は、コロナ禍により、活動できず、時折様子を見にうかがう程度です。

ツリーサポートの後、夏の暑い時期に、沼島八幡の宮司さんが、ご自身で山の上まで楽に登れるように、丸太と杭で一段一段、階段をつけてくださいました。頂上に竹藪があるので、その竹の群生をなんとか阻みたいと思っています。コロナが明けたら、活動を再開したいと思いますので、ご興味のある方はどうぞ手を貸してください。

祈りの環

この本のために、ライアーが日本に初めて伝えられた当時のお話をうかがいに、阿蘇の池末みゆきさん宅を訪れました。取材の翌日は、1月11日です。ふと、11時11分に、時間を合わせて、阿蘇の自然の中で、ライアーで祈りの環をつくりたいと思いつきました。その場に集まれない方とは、時間を合わせて祈りたいと、全国のソウルサウンドファミリーに、事前に呼びかけました。

「まずは自分が地球の中心としっかりつながり、そこから、宇宙へと光のエネルギーを上昇させていきましょう」と、みなさんにお伝えしておきました。

みんなで環になることをイメージすると、その場所には、押戸石《おしどいし》が浮かびました。池末さんの取材には、写真家の桐野さんにも同行していただいていたので、祈りの環になって奏でている写真も、そこで撮ってもらおうと思い、下見に行きました。下見の日は快晴で、人気もまばら。私は太古のエネルギーを感じ、磐座《いわくら》の上で心地よく声を響かせました。ライアーは、翌日の祈りの瞬間のために、その日は奏でずにおきました。

さて、祈りの約束の日。福岡から、何人かのオーナーさんが事前に阿蘇まで来てくれていました。他にも当日参加の意向をうかがっている方がいました。遠方から駆け付けようとしてくれている人もいました。ところが天候は、予報通り朝から雨でした。

私は、超がつくほどの晴れ女なので、通常、雨で予定が変わることは、ほとんどありません。ですから、押戸石に行くのが宇宙の采配なら、天気予報がどうであれ、必ず行けるはず！　と、実は心配していませんでした。でも、流石に雨が降っているので、外でライアーを奏でることは叶いません。急遽、阿蘇に在住のライアーのオーナーさんの絵本カフェ「カシュカシュ」で集まらせていただけるようお願いしました。

祈りの場が決まって程なく、なんと雨が雪に変わりました。「雪だったら押戸石に行ける！」と思いました。他のみなさんは、雪道が心配なので、カフェに向かうことになりましたが、私は、初心貫徹で、押戸石を目指すことにしました。

ところが、行きがけにガソリンを入れようとして、財布を忘れたことに気づきました。池末さんのお宅に戻り、心当たりを探し回るも見つからず、かなり時間を使ってしまいました。もう、見ていないのはスーツケースの中しかありません。開けてみると、なんと財布はそこから出てきました。

そのときには、もう押戸石まで向かう時間がなくなっていました。行き先をカフェにしようとしましたが、それにも間に合いません。「草千里」に連れていってください。そこで祈ります。急遽、行き先は草千里になりました。草千里は、阿蘇の中岳の中腹に広がる広大な草原です。池末さんのお宅から、さほど遠くないことだけ知っていました。新雪が積もった道を急ぎました。

みんなとの約束の時間が迫ります。パーキングに車を停めていただき、雪の中に、用意してくれた小さな椅子に座って、すぐに祈りはじめました。「まずは地球の奥深くとつながって

草千里にて　　Photo by KIRINO TOMOAKI

……」と意識したとたん、壮大なエネルギーを感じました。朱色の巨大な液体状のものが見えたのです。まるでドロドロの溶岩のようでした。そこから、各地で祈ってくれているであろうみなさんのことを意識して、共に手をつないでいるようなイメージで、ゆっくりと音と声と共に上昇していきました。

あまりに壮大なエネルギーに圧倒され、ずっと涙が溢れていました。私がこの時刻に音を捧げるのは、阿蘇山の麓の「この場所」だったのです。阿蘇で祈りたいと思ったのに、押戸石に行こうとしていたので止められたのです。

そのとき、この場所で祈ったのが私だけであったことにも、深い意味がありました。独りだったので、とても集中して自分の中に留まることができたのです。ライアーの仲間といるときには、他の方のことが気になったり、音が気になったりする場合が多いからです。その日は、エネルギーでみなさんと一体になりましたが、3次元的には私独りだったので、自分の内側に集中して祈ることができました。それが、宇宙の采配、これからのために、私が気づかなければならないことでした。

草千里での祈りを終えて、カフェに向かう途中、阿蘇山頂に向かう標識がありました。噴火のため火口まで行けないことはわかっていましたが、もう少し上まで行ってみようということになり立ち寄りました。すると、そこには、新雪で、ひっそり鎮まった阿蘇山上神社があったのです。

「お招きくださり、ありがとうございます。私がうかがうことになっていたのは、こちらだったのですね」

お社から、頂上を遥拝させていただきました。

カフェでは、みんなが待っていてくれました。予定が二転三転したにもかかわらず、みなさん、そのときの最善を楽しんでくれていました。祈りの時間には、バルコニーで環をつくっていたそうです。もう一度、私も一緒に環になりました。晴れていたら、バルコニーの正面には、私が祈っていた阿蘇の中岳が拝めるそうです。

音を奏ではじめると、風が起こりました。雪が風に舞いはじめたかと思うと、今度は光が射してきました。自然界からの返礼を感じました。これでよかったのですと。行うべきことは、確かに行われたのだと感じました。

宇宙は、私が正しい方向を向くまで、こんな風に何度でもメッセージをくれるのです。

阿蘇山上神社

Photo by KIRINO TOMOAKI

ンス、ライアーレッスン、セッション
⑤ https://laugh-rough-lily.jimdosite.com/

① 鹿児島県・屋久島
② 布川晴代（ヌノカワハルヨ）
③ ほぼ全てのソウルサウンドライアー
④ ライアー個別制作＆オーダー制作、メンテナンス、体験セッション、表現アートセラピー、屋久島リトリート
⑤ Facebook / YouTube：Soulsoundart ひかりのたね
Instagram：hikarinotane_yakushima
⑥ hikarinotane88@gmail.com

【北海道】

① 北海道・札幌市
② ★小杉晴美
③ スターシード・ステラ・ガイア・ピッコロ・グランドルフィン
④ ソウルサウンドライアーを使ったからだの調整、光からの魂セッション、ライアー制作ワークショップ主催
⑤ https://www.facebook.com/harumi.kosugi.1

① 北海道・札幌市
② アルカナ みゆき
③ スターシード・グランドルフィン・ミニタオ
④ ライアーヒーリング、波動セラピー、ライアー演奏など
⑤ https://ainohado528.wixsite.com/miyuki369

① 北海道・札幌市
② 大久保知子
③ タオ
④ 自宅サロンにてライアーセッション
⑤ https://iyashi-manik.jimdofree.com
⑥ iyashi.manik@gmail.com

① 北海道・旭川市
② Symphony　高橋真喜
③ スターシード
④ ライアーヒーリング
⑤ https://tsuku2.jp/Symphony
⑥ 888.symphony.888@gmail.com
090-5229-5775

【東北】

① 青森県・青森市
② ★rhiannon リアンノン たかはしまゆこ
③ タオ・ステラ・グランドルフィン・ミニタオ・キンダーハープ
④ 音浴会＆小さなＷＳ、個人セッション、レッスン、出張演奏、舞台演奏、病院、施設、学校、会社などでの演奏＆ WS
⑤ https://rhiannon1655.jimdofree.com/menu/
⑥ rhiannon1655@gmail.com

① 青森県・青森市、秋田県・秋田市、由利本荘市
② Love joy garden lyino　いしいひろこ
③ ウイングラーナ
④ ライアーのレッスン、体験会、ヒーリングセッション、イベント等での演奏、ホスピス施設へのボランティア訪問

ソウルサウンドファミリーの活動

① 地域
② 名前
③ 所有ライアー
④ 活動内容
⑤ ＨＰやブログのリンク
⑥ 連絡先
★は各地区の中心的な活動者／ワークショップのオーガナイザー

① 本拠地：京都府・京田辺市
② Akasha
③ 全てのソウルサウンドライアー
④ 全国各地でのソウルサウンドライアー制作WS、宇宙の音・地球の声WSの主催、「宇宙の音」の個人＆グループセッション、レッスン、アンドレアスへのオーダー窓口
⑤ https://akashasong.com
⑥ info@akashasong.com

講師　ライアー制作指導＆
オーダー制作　メンテナンス

① 北海道・函館市＆滋賀県・大津市
② 髙間梓弓
③ ほぼ全てのソウルサウンドライアー
③ 函館と滋賀にてライアー制作工房＆制作講師
④ https://azusaya.jimdofree.com/
⑥ azusaya55@gmail.com

① 北海道
② Leilani salon ～ことの羽～
③ タオ・ステラ・ラーナ（レイラ二音階）
⑤ https://welcome-kotonoha.jimdofree.com/
⑥ hikarinoneiro8@gmail.com

① 埼玉県・さいたま市
② SACRA工房　須藤亜紀子（aco）
③ ほぼ全てのソウルサウンドライアー
日本材各種
④ ライアー制作工房、制作講師
⑤ https://sacra-coubou.jimdosite.com/
⑥ sacracoubou@gmail.com

① 長野県・松本市、東京都・練馬区
② CHIKAKIA（チカキア）　松田千賀子
③ タオ・ステラ・ガイア・
グランドルフィン
④ オーダー制作、制作サポート、メンテナンス、ライアー体験会、病や身体に不自由がある人と家族の為のヒーリング・音浴会
⑤ Instagram：chikakia
Facebook：CHIKAKIA
Blog：『お花畑で寝転んで』

① 京都市
② Laugh Rough Lily　橘小百合
③ ほぼ全てのソウルサウンドライアー
④ ライアー制作工房、制作講師、メンテナ

① 東京都
② ★秋吉まり子
③ ほぼ全てのソウルサウンドライアー
④ 一般社団法人日本レムリアンハープ協会代表理事、ライアー演奏、ライアーセラピーオンラインレッスン、ライアーのイベント開催、ライアーの講座
⑤ https://lit.link/lyra10mariko
⑥ https://line.me/ti/p/%40311tnykw

① 東京と京都
② 岸千鶴
③ スターシード
④ 写真家、数秘鑑定士、サイキックヒーラー
⑤ https://www.instagram.com/chizucamera/
⑥ chizuru33@gmail.com

① 関東地区（活動は国内、国外）
② エレマリア
③ タオライアー・ステラライアー
④ 天使画家、著者、ヒーラー　ライアーはセッションやワークショップにて誘導瞑想に使用
⑤ http://eremaria.starfree.jp/
⑥ eremaria@angeland.info

① 東京都 and ロサンゼルス
② 水橋古都実
③ ピッコロ
④ 寝ながら聴くライアー演奏会、奉納演奏
⑤ https://kotomim.com
https://www.youtube.com/c/kotomimizuhashi/featured
⑥ info@kotomim.com

① 東京都
② ロータス・ハート　未樹枝
③ ガイア
④ ブレスワーク、音の波動とWisdom of the Earthの精油による波動共鳴
⑤ https://lotusheartaroma.wixsite.com/lotusheart
⑥ lotusheartms@gmail.com

① 都内近郊、国内、海外出張可能
② アジット　鈴木晶子（あきこ）
③ タオ、キンダー
④ 米国3HO認定教師養成講師、ライアーによる瞑想＆ヨガクラス
⑤ FacebookAjit K Suzuki
⑥ Tel：080-3057-0833

① 東京都
② 別府はるみ
③ ティラル（現ステラ）
④ 楽器などの手作り
⑥ dolphinstar.harumi@gmail.com

① 東京都・江東区
② Lafrea　栗原康子
③ タオ・グランドルフィン
⑤ https://ameblo.jp/harurunbird/
https://youtube.com/channel/
⑥ lafrealyra@gmail.com

① 東京都・港区
② RAY（レイ）　後藤あや子
③ ガイア・グランドルフィン・ラーナ・ステラ・ミニタオ
④ https://sites.google.com/view/ob-ray/

⑤ https://love-joy-garden.jimdosite.com/
⑥ lyino3333@gmail.com
090-7521-4792

① 青森県・弘前市
② 土田由希子
③ タオ・ステラ・キンダーハープ
⑥ taitenmama1210@gmail.com
090-9037-4235

① 青森県・弘前市
② アロマヒーリングサロン PONOPONO
村上さとみ
⑤ https://pono.jimdofree.com/
⑥ pono881flower@gmail.com

① 宮城県・岩沼市
② ★KENZO YOGA STUDIO 伊藤佐由里
ライアーグループ Miyagi 音あみゅーず
③ タオ・ガイア・ステラ・21弦キンダー・
キンダーハープ・ミニタオ
④ オーナー会・響き合い、マルシェ、WS
開催、小ちゃなライアー制作WS主催
⑤ https://kenzoyogastudio.jimdofree.com/
ソウルサウンドライアー/
⑥ kenzo.yoga@gmail.com

① 福島県・郡山市
② ★櫻井路（みっちぇる）
③ グランドルフィン・タオ・
キンダーハープ
④ ユニット名　パルア リア
アトリエアナスタシア
⑤ https://lit.link/michiru1122

① 福島県・伊達郡＆長野県・安曇野市
② 上皇后陛下美智子妃殿下専属演奏家
8・7・3
③ タオ・ガイア・グランドルフィン・スターシード・ステラ
④ 地球の浄化と波動調整、演奏会、CD・DVDの販売
⑥ h8733@icloud.com

① 福島県
② ジョージ（George）
③ ステラ・グランドルフィン
⑤ https://george.1net.jp/
roman.ka54@gmail.com

① 福島県・二本松市
② スピリア　渡辺礼子（れんちゃん）
③ ステラ・ミニタオ
④ ライアーヒーリング個人セッション、パルア リラとしてライアー演奏
⑤ Blog：https://ameblo.jp/reirei5296/

① 福島県・福島市
② ちゃこ
③ タオ・ガイア
⑤ Instagram：hisako._.o
⑥ mokku0201@gmail.com

【関東】

① 東京都・新宿区
② ヒカルランド　Hi-Ringo Yah!
③ ほぼ全てのソウルサウンドライアー
⑤ https://hikarulando.co.jp
⑥ info@hikaruland.co.jp

②Kanon Kazu（飯村和子）
③スターシード（レムリアンクリスタル音階）
④個人セッション、演奏
⑤ https://www.facebook.com/profile.php?id=100004290485537
⑥090-1702-0784

①東京都・足立区
②Haruco Ito（活動名：パル）
③タオ・ステラ・キンダー
④ライアーヒーリング、使命や本質を目覚めさせるセッション
⑤https://ameblo.jp/bentenpalu3150/
⑥palu8650palu@gmail.com

①東京都
②水谷泰子
③グランドルフィン
⑤演奏会、音浴会、体験会
⑥yasukoalba@gmail.com

①東京都
②てらやま りつこ
③ステラ
④音声心理士、ゆめのたね放送局パーソナリティ
⑥https://ameblo.jp/amor888/

①神奈川県・鎌倉市
②★鎌賀真紀
③タオライアー・グランドルフィン・ステラ・キンダーハープ
④ヒーリングサロンMakana　シュリカリヨガ鎌倉主催
湘南マーメイドの活動（神奈川での奏で愛、ライアー音浴会、体験会、奉納演奏、音開き、ヨガや瞑想会での演奏）
⑤https://www.facebook.com/maki.kamaga
⑥sora_umi_yoga@yahoo.co.jp

①神奈川県・横浜市
②白城由起子
③ドルフィン
④女性のためのヒーリングサロン フェリーチェ代表、チャネリング、透視、ヒプノセラピー、ライアーを組み合わせたオリジナルセラピー瞑想会、ナチュラルスピリット社のYouTubeチャンネルよりメッセージを発信
⑤ https://yukimoonflower.wixsite.com/felice
⑥healingsalon.felice@gmail.com

①神奈川県（最寄駅：新百合ヶ丘）
②鈴木弘子
③ラーナ・ハートソング
④リラクセーション／セラピー／カウンセリングやお話会
⑤https://iyashineiro.wixsite.com/-site
⑥iyashi.neiro@gmail.com

①横浜市・関東周辺・京都
②松葉智穂
②タオライアー・ラーナ
③演奏用ライアーによる演奏会、レッスン、アウリスライアー制作ワーク
⑤「ひ ふ み の 庭」123garden.net/hifuminonawa
⑥lyre4321@gmail.com

①東京都・世田谷区
②ミチカホール　山根ミチル＆カホリ
③タオ・ステラ・ピッコロ・ガイア
⑤https://www.michikahorl.com/
⑥michikahorl8@gmail.com
03-3749-2245

①東京都・世田谷区
②風人 Kazando
③タオ・グランドルフィン
④ヒーリング、ワークショップ
⑤Facebook：https://www.facebook.com/michie.masuda
⑥kazando2020@gmail.com

①東京都・渋谷区
②日々の音色 HEALING PLACE
須藤萬夕
③タオ
④ヒプノセラピー、ゼニスオメガヒーリング、RAS、ワークショップや国内外でのリトリート
⑤http://www.hibino-neiro.net
⑥neiro.healing@gmail.com

①東京都・豊島区
②中西未佳
③タオ・ピッコリーノ・ラーナ・ガイア・キンダーハープ
④ライアー個人セッション、音浴会、演奏会
⑤https://shiningwithspacelights.amebaownd.com/
⑥healing_angel_misia@yahoo.co.jp

①東京都・羽村市
②百音（もえ）　ふえたくにえ
③ガイア・ピッコリーノ・ステラ・ミニタオ
④ヒーリング、リラクゼーション音浴
⑤Facebook：https://www.facebook.com/kunie.fueta
Blog：http://ameblo.jp/soranoirokuni272727

①東京都・小平市
②アトリエるりいろ　アン（安藤ゆうこ）
③スターシード
④心ほぐしwithライアー、バイオグラフィーワーク、三原色のパステル画
⑤Blog：https://ameblo.jp/atelier-ruriiro
⑥ruriiro0416@gmail.com

①東京都
②染谷久美
③タオライアー・グランドルフィン・スターシード・ミニタオライアー・キンダー
④人とアニマルさんたちへのヒーリング
⑤Instagram：angie_prema

①東京都・八王子市
②保立（谷口）美智子
③ステラ・ガイア
④ガーデンデザイナーとして自然と音楽を世界の浄化に役立てる活動
⑤https://www.facebook.com/michiko.taniguchi.71
⑥michiko-garden@feel.ocn.ne.jp

①東京都

yokayokacafe

①埼玉県・越谷市
②ぷらゆみこ
③スターシード・21弦キンダーハープ
④ライアー音浴会
⑥LINE：https://lin.ee/us63WLh
pulatarotlyre@gmail.com

①埼玉県・和光市
②オトナミ ヒカリ　Lea（レア）
③ドルフィン
④地域のカフェや自分のサロンなどでのヒーリング演奏
⑤Instagram：otonamihikari.lea

①埼玉県・蓮田市
②Sayuri
③タオ
④小さな小さなお家コンサート、個人セッション、朗読、絵、写真、香り、羊毛ワークとのセッションなど
⑤Instagram：sayuperotan
⑥perocompany6108@gmail.com

①栃木県・小山市
②Happy SEEDs　めぃあ
⑤Blog：https://ameblo.jp/meia999/
⑥happyseeds432@gmail.com
Line：@720zeqmd

①栃木県・宇都宮市
②空和　渡部育子
③タオ・ラーナ・スターシード・キンダーハープ
④ライアーセッション、演奏、幼児教育施設での子ども達との共演
⑤https://ameblo.jp/harebare kuuwa
Instagram：kuuwa_iku
⑥kuuwa.light333@gmail.com
090-9030-4751

①千葉県・市川市
②髙澤英子（たかざわ えいこ）
③タオ
④個人セッションや音浴会等
⑤https://lit.link/kanon22eiko
⑥kanon.eiko.tkzw@gmail.com

①千葉県・千葉市
②和奏　わかな
③タオ・スターシード
⑤https://ameblo.jp/kippus3215/
⑥kippu_s3215@yahoo.co.jp

①千葉県・千葉市
②Center of the Heart　優子
③スターシード
④『統合』を目的に自分自身への愛を深めて行くセッション
⑤https://yukotakajo.com/

①千葉県・柏市、松戸市、我孫子市周辺
②ふわり庵　長谷川富子
③タオ・ソプラノ・キンダーハープ
④体験会、セッション、古代文字療法、渦気功、リーディング、kiaの瞑想
⑤https://ameblo.jp/sakuraand jupiter/
⑥tomy9949hase@gmail.com
090-4835-2588

① 神奈川県・横浜市・都筑区
② cosmic sound ～宇宙の音～　涼琶
③ タオ
④ ソウルリーディング、ライアーヒーリング
⑤ https://cosmosreservemail.wixsite.com/website
⑥ cosmos.reservemail@gmail.com

① 神奈川県・厚木市
② Space一観世音　由香イシェル
③ ミニタオ・ステラ・グランドルフィン
④ Sound Wave トリートメント、体験会
⑥ pelesouthpoint1014@gmail.com
080-5460-5575

① 神奈川県・相模原市
② リリア
③ キンダーハープ
④ スタンドFMでの演奏配信
⑤ https://stand.fm/channels/609893adb82bc5e1f36c3e03
⑥ riliablue2020@gmail.com

① 神奈川県・藤沢市
② 沙日衣
③ スターシード
④ ヒーリング、瞑想会の伴奏
⑥ sunnytt333@gmail.com

① 神奈川県・足柄上郡
② healing宇宙風　飯島彩音
③ タオ・グランドルフィン・リトルムーンソルフェジオ
④ ヒーリング、ライアー演奏会、瞑想会、リトリート
⑤ https://www.healingsorakaze.com
⑥ healingsorakaze@gmail.com

① 埼玉県
② 高垣久仁子
③ スターシード
④ ヨーガレッスン
⑤ https://yogatulsi.wordpress.com/
⑥ yoga.tulsi@gmail.com

① 埼玉県・大宮市
② ★トコシ（渕田淑子）
③ タオ・スターシード・グランドルフィン・ラーナ・キンダーハープ
④ タオの響きの実験会、ラーナの集い、体験会、ホームデイケアでの歌と語りのボランティア、ソロコンサート、個人レッスン
⑥ toshikosongstersirius44@gmail.com

① 埼玉県・川越市
② アネシス・畠山秀一
③ スターシード・グランドルフィン
④ ライアー、波動機器、整体
⑤ https://happy-anesis.net/
⑥ sun.anesis@gmail.com

① 埼玉県
② よかよかcafe　富岡育江／新井則子
③ キンダーハープ・タオライアー
④「こころが喜ぶ」手作りのお菓子や飲み物を提供。イベントやWSのスペースのレンタル
⑤ https://www.instagram.com/

②ソウルサウンドライアーなな色のたね　横井リヱ
⑤ https://ameblo.jp/lyre0723/entry-12667916227.html
⑥ rie.yokoi.1975@gmail.com
090-1693-9746

①岐阜（全国出張OK）
② MITAMA OASIS megumii
③タオ・ステラ・ラーナ・ガイア・ペアミニタオ・キンダーハープ
④ライアーヒーリング、音浴会、手作りミニライアー販売、調律＆奏で方。
⑤ https://www.instagram.com/megumiimitama111
⑥ mitamaoasis.22022@gmail.com

①富山県・富山市・神通本町
②★アトリエロータス　大坂さゆり
③ピッコロ・タオ・ソルフェジオ・グランドルフィン・リトルムーンソルフェジオ・スターシード・ハートソング
④ライアー手彫り講座にて演奏方法やヒーリング方法の伝授、ソウルサウンドライアーの代理制作、演奏活動
⑤ https://lotussayuri.com/
⑥ sayuri.osaka@gmail.com
090-2839-3918

①富山県・射水市
② Art craft Life Creation　佐伯麻子
③ドルフィン
④パーソナルセッション、ヒーリング体験、クレイセラピー
⑤ https://www.kaiunmarche.com/
⑥ asako.royal.0530@gmail.com

①石川県・白山市
②ヒカリノオト
③スターシード
④巡礼、光の音浴セラピー
⑤ https://hikarinouta.amebaownd.com/
⑥ hibikiplay@gmail.com

①富山県・富山市
②サウンドヒーリング　星の音　関野加奈子
③タオライアー
④惑星音叉とタオライアーで波動調整ヒーリング
⑤ http://ameblo.jp/sikamayu107/
⑥ maoyu107@gmail.com

①富山県
②山田美裕紀
③タオライアー
④奉納演奏
⑥ seeds.of.happiness8888@gmail.com

①石川県・野々市市
②心と身体の癒し☆星よみ　福明桂子（ふくめいけいこ）
③ステラ
④奉納演奏、誘導瞑想、イベントでの投げ銭ライブ、音浴会、音浴ヒーリング
⑤ http://r.goope.jp/azisaikosuge

【関西】

①滋賀県・東近江市

【中部】

①静岡県・静岡市
②三澤照代（oterusun）
③ステラ
④美骨チューニングセラピスト
⑤https://www.facebook.com/oteru.sun
⑥https://lit.link/oterusun

①静岡県・静岡市
②中野加菜子
③タオ
④音浴会（Zoomにて）、統合誘導瞑想
⑤https://ameblo.jp/hikarinoryu-shi/
⑥chijyoutenngoju@gmail.com

①静岡県・磐田市
②Holy Maria no 音 TAKAKO
③タオ
④タオライアー音浴会、ライアー＆音叉を使用した個人セッション
⑤https://leier.hamazo.tv/
Facebook：Holy Maria
⑥holy.maria111@gmail.com

①愛知県・豊川市
②三木令子
③タオ・ソプラノ
④DREAM WEAVE（夢織人）、テキスタイル作家、美術工芸講師、テキスタイル作品のインスタレーションと共鳴しながらの演奏
⑤Facebook：三木令子
⑥quark_sky_rainbow@yahoo.co.jp

①愛知県
②Naoko Isoagi
③ステラ
④イベントや自宅で演奏
⑤https://www.facebook.com/naoko.isogai.1
⑥isogainaoko@gmail.com

①長野県・松本市
②★小島真理子（まりまり）
③タオ・ステラ・ガイア・ミニタオ・スターシード・ラ―ナ・リトルムーンソルフェジオ
④音のセッション、ライアーの奏で方レッスン、福祉施設・保育園・子育て応援機関への参加、「森カフェ」イベントへ参加（塩尻市）、信州マザーアースコンサート
⑥sanctum528@gmail.com

①長野県
②里宇（りう）さやか
③ウイングラーナ
④いのちの音を聴き、音を奏でる
⑤https://happy-smile-planet.amebaownd.com

①長野県・軽井沢町、御代田町
②ヨネダマキ
③タオ・ステラ・スターシード
④アーティスト、ハット・デザイナー、イベントプロデューサー
⑤Instagram：yonedamaki
⑥YONEDAMAKIbls@gmail.com

①新潟県・糸魚川市

⑥ sacragarden@gmail.com

① 大阪府・箕面市
② Mayumi Ikejiri
③ タオ
④ 曼荼羅アーティスト
⑤ http://atelier-le-monde.com/
Blog：「画 用 紙 の 窓」https://ameblo.jp/atelier-le-monde
⑥ mdy_mmy_smy@yahoo.co.jp
080-5360-2122

① 大阪府、淡路島
② Shanti Nahomi
③ ハートソング、スターシード、ステラ
④ カウンセリングから波動調整、演奏会
⑥ Instagram：shanti_nahomi

① 大阪府・大阪市
② 高野陽子
③ タオ
④ ケルト音楽歌手、ライアー奏者
⑤ http://takanoyoko.com/
https://www.youtube.com/channel/UCtxuOpOY8U0xHitYEVFt8Fg
⑥ takanoyoko@gmail.com

① 大阪市
② 金田美香
③ スターシード・ドルフィン・ソルフェジオ・ミニタオ・リトルムーン・キンダー
④ ライアーと五行音による心と魂を、クリスタルでチャクラを整えます
⑤ https://profile.ameba.jp/me

① 大阪府・三重市（伊賀）
② もりたいよしこ MORITAI造形アトリエ
③ タオ
④ アーティストとして、多様な表現活動を展開。オリジナルライアーの制作やワークショップ
⑤ https://www.facebook.com/moritaiyoshiko

① 大阪府・寝屋川市、出張有
② 前田幸子
③ タオ
④ 野外でのライアー体験会
⑤ https://www.facebook.com/sachiko.maeda.357
⑥ neirocafe-happy@yahoo.co.jp

① 大阪府・交野市
② 大橋清美（Facebook 古川清美）
③ タオ・ラーナ
⑤ https://www.facebook.com/kiyomi.furukawa.18
⑥ 090-6064-9549

① 大阪府・豊中市
② Takako Asha
③ タオ
④ ヨガインストラクター　毎月のライアー演奏
⑤ ashatakako@gmail.com

① 大阪府・豊中市
② Atrio Luce（アトリオ・ルーチェ）
瑠羽（るう）
③ タオ

② 西條笑華
③ タオ
④ 宇宙プロジェクトのリーダーとして地球と一緒に今を楽しむ
⑤ https://arigatounoburanco.amebaownd.com/
⑥ https://smart.reservestock.jp/menu/profile/ 36269
arigatounoburanco@gmail.com
080-6104-5530

① 滋賀県・長浜市
② 横田香織
③ ウイングラーナ
④ レイキ・ライアーヒーリング
アロマハンドFAB
⑤ https://www.facebook.com/kyokota2
⑥ momorinrin1021@gmail.com

① 京都府・京都市
② ハーモニーこだま　こだまみわ
③ タオ
⑤ Instagram：harmonykodama
⑥ harmony-k@hotmail.co.jp
090-1712-6414

① 京都府・京都市
② ∞ -halca-
③ ステラ
④ ライアーヒーリングセッション、子宮の叡智の語り手
⑤ Instagram：mugenhalca
⑥ mugenhalca@gmail.com

① 京都府・京田辺市
② セレーナマリア
③ タオ
④ ヴォイスヒーリング、サウンドヒーリング、作詞作曲、あわ歌・祝詞歌唱、即興ヴォイス　朗読と創作曲の舞台『竹取物語』
⑤ https://serenamaria.info/
⑥ divine.music444@gmail.com
LINE：https://lin.ee/Rb2rlyT

① 京都府、兵庫県・西宮市、神戸市
② Misera 千代道子
③ タオ
④ ライアー、声、楽器による個人＆グループセッション、音楽療法、音ヨガ
⑤ http://sinoyemusic.com/
⑥ sinoyemusic@gmail.com
090-6739-6895

① 奈良県・生駒市
② アトリエヒーリングサロン
～ Rainbow ∞ Heart ～　Leana Keiko
③ タオ・ガイア・グランドルフィン・ステラ・スターシード
⑤ https://ameblo.jp/rainbow-heart- 444/
⑥ rainbowheart444@yahoo.co.jp

① 奈良県・奈良市
② 櫻井詢晃（サクライジュンコ）
③ タオ・ピッコロ
④ アート＆エネルギーワーク
宝石と花の波動セラピー、タロット、タオライアー・クリスタル・シンギングボウルの音浴会
⑤ http://ameblo.jp/sacrael

④ www.kosai-therapy.com
⑤ aquashin0309@icloud.com

① 兵庫県・神戸市
② 西本裕子
③ ステラ
④ 音浴会、花とライアー
⑤ Instagram：anjieriku
⑥ 3anjieri2@gmail.com

① 兵庫県、愛知県
② 戸田英子
③ ハートソング・ステラ
④ ヒーリング演奏会、音叉ヒーリング、ハンドヒーリング、アクセスバーズⓇ、グリーフケアセラピスト
⑤ https://self-expression.jimdosite.com/
https://ameblo.jp/happylife3749/
⑥ eiko3749@gmail.com

① 兵庫県・神戸市・垂水区・神陵台
② Kayon　Kayoko Fujita
③ タオ・ステラ
④ 幸せの身体感覚を呼び覚ます。
五感で感じる～『癒しの音』『自然食』『ボディケア』
⑤ https://linktr.ee/Salon_Kayon
⑥ htl.kayon@gmail.com

① 和歌山県・橋本市＆奈良県・奈良市
② 原田雪路
③ タオ
④ 障害者グループホームにてヒーリング演奏、シュタイナー幼稚園のお昼寝タイムに演奏
⑥ ukg0405lovepeace@ezweb.ne.jp

【中国】

① 岡山県・岡山市
② 今井千晶
④ 歌とライアー演奏者
コンサートや瞑想会
タオライアーセラピー（出張も可）
⑤ https://chiaki33.amebaownd.com/
⑥ chiaki@tennomori.com

① 岡山県・倉敷市
② 小野華位子（けいこ）
③ タオ・ステラ・ソルフェジオ
④「心身と魂のクリアリングセラピー」
ボランティア活動多数
⑤ Facebook：小野華位子
Instagram：keiko8912
⑥ Kei11074@gmail.com
LINE：110727604

① 岡山県、全国
② 川辺恵瑚
③ タオ・ガイア・ステラ・ドルフィン・グランドルフィン・ハートソング
④ ヒーリング、ワークショップ
神社奉納演奏
⑥ okayamakomikan1178@gmail.com

① 岡山県・岡山市
② 平林眞由美
③ タオ・グランドルフィン・ステラ・スターシード・ガイア
④ 天地生きとし生けるもの波動調整

⑤ https://ameblo.jp/atrioluce/
Instagram：atrioluce_roux
⑥ atrioluce@gmail.com

① 大阪府・池田市
② 大塚友理
③ タオ・グランドルフィン
⑥ bambooyuri@gmail.com

① 大阪府・箕面市
② 小杉まほり
③ スターシード・ステラ
⑤ Instagram、Facebook：@mahononekko

① 大阪府・岸和田市
② Ange Light（エンジェライト）
黒田由佳
③ スターシード
⑤ https://lit.link/yukaangelight
⑥ angelight0508@gmail.com

① 大阪府・堺市
② 癒しのヒーリングサロン
Non Non Arutemis
③ サラスヴァティ・ステラ
④ レイキヒーリング、鑑定、箱庭セラピー、
アクセスバーズ
⑤ https://non-arutemis.amebaownd.com/
Instagram：arutemis8202
⑦ moon.goddess.2818@gmail.com
090-1891-9131

① 大阪府
② 西尾幸恵
③ タオライアー・ガイア・ラーナ

④ ライアー音浴
手作り化粧品（基礎化粧品、メイク化粧品）
⑥ kurukirayukinko@gmail.com

① 兵庫県・芦屋市
② ★青山真理
③ ピッコロ・タオ・ハートソング・ガイア
④ 女性性覚醒のための講座、セッション
⑤ https://mari-aoyama.com/
⑥ info@mari-aoyama.com
090-6908-2514

① 兵庫県・明石市
② 中谷淳子
③ タオ・ステラ
④ エネルギーヒーリング、ブリージング、
ヒーリングスクール、ドラゴンスクール、
リトリート
⑤ parallel-world-healing.com
https://ameblo.jp/waitahajapan/
⑥ parallel_world_8@ybb.ne.jp
090-8792-5757

① 兵庫県・神戸市・須磨区
② 森岡陽子
③ タオ
④ 梵字アーティスト、ヒーラー
⑤ https://www.rainbow-rose-yoko.com/
http://www.instagram.com/
rainbowroseyoko
⑥ rainbow-rose-yoko@yahoo.ne.jp

① 兵庫県・神戸市
② 佐田谷薫
③ タオライアー

② 小林友美
③ タオ・ステラ・ハートソング・グランドルフィン・ピッコロ・ソルフェジオ・ウィングラーナ
④ Plumeria maison ～音浴サロン～
音浴セラピー、音遊び、調べの会、演奏
⑥ tomomilovepower@gmail.com

① 福岡県
② 小林明詩
③ タオ・ステラ・ドルフィン・ピッコロ・ソルフェジオ・ハートソング・ラーナ
④ ライアー即興演奏、ライアー瞑想、Healing caffe plumeria
⑤ https://heartpower.jp/
⑥ lunasmile3@gmail.com

① 福岡県・福岡市
② 虹の麓　金森さつき
③ スターシード
④ ライアーセッション100人チャレンジ
⑤ https//note.com/rainbow2021
Instagram：bloom_dream0306

① 福岡県・久留米市
② 山本リカ
③ スターシード・リトルムーン・ステラ・グランドルフィン・タオ
④ 個人セッション、グループ音浴会、ワークショップ、コラボイベント
⑤ Facebook：/rika.yamamoto.31521
⑥ 090-3736-0550

① 福岡県
② 赤司幸枝（あかしゆきえ）
③ タオ、ラーナ、キンダー
④ ヒーリングセッション、イベント、体験会、ライアー CD販売
⑤ http://y-lyre.net
⑥ happyangel1026@gmail.com

① 福岡県・飯塚市
② 行武稔洋（ゆくたけとしひろ）
③ タオ・ステラ・グランドルフィン
④ ライアーやシンキングボウルを使っての癒しの提供
⑥ hal2001cat2875@gmail.com

① 福岡県・北九州市
② Lyraの風
③ スターシード
④ 風のように、音、笑い、よろこび、光、わかちあい
⑥ lyranokaze@gmail.com

① 福岡県・糸島市
② 今井圭子
③ スターシード
④ ライアーと声を木々、花、風に乗せて自然と一つにつながる活動
⑥ hikari.8716@gmail.com

① 佐賀県
② こもれ陽庵　竹下恵子
③ タオ
⑤ komorebian1523.com
⑥ komorebian1523@gmail.com

① 熊本県・南阿蘇村
② 絵本カフェ・カシュカシュ田川文代

癒しの演奏活動
⑥ hiramamacocoa@gmail.com

①鳥取県・島根市
②いのちのたね 森則子
③ステラ・ピッコリーノ・ミニタオ・キンダーハープ
④地元材によるオリジナルのキンダーハープ制作
⑤https://www.instagram.com/moririn369
⑥inochinotane.888@gmail.com

①広島県・福山市
②マーヤのとまり木　yoko
③グランドルフィン
④セッション（関東を中心に出張可）
⑤https://mayanotomarigi.studio.site
⑥yokotan.kirarin@icloud.com

①高知県
②★石原千紗子
③タオ
④自然やご縁ある方へのライアー演奏
タイムウェーバーによる調整
⑥chisakoishihara@gmail.com
09075097359

【九州】

①福岡県・糸島市
②★糸島ライアーハウス光透音 kotone
藤澤潤子
③ほぼ全てのソウルサウンドライアー
④ライアー体験会、ライアー個人セッション、ライアーレクチャー＆レッスン、ライアーの音を織り込んだ万華鏡作りワーク、光・音・色・香りを祈り捧げる
⑤http://bluegreen77.blog.fc2.com/
⑥blueandgreen7788@gmail.com
090-8415-5013

①北九州市、全国
②原田万理子
③タオ・ドルフィン・ハートソング
④イベント、ヨガ、研修などでのライアー演奏、r.3 life いのち 野外上映会、竹田城、糸島で野外演奏
⑤instagram：ma.ri.ko.harada
⑥aoakua0619@gmail.com

①福岡県・糸島市
②伊達きみこ
③タオ
④音と手による心身のエネルギー調律、からだの空間を整える骨格調整、自己対話コーチングセッション
⑤www.mominoki-relax.net/
⑥Instagram：kimiko.ku.tsukisora
tsukisora.kimi@gmail.com

①福岡県・糟屋郡
②ヒーリングサロンtoitoitoi
田浦久美子
③タオ・ドルフィン
④ライアーヒーリング、箱庭セラピー、イベントでの演奏、ボディセラピーとのコラボで演奏
⑥toitoitoi935@gmail.com

①福岡県・糟屋郡

⑤ https://davemerrill.zenfolio.com/p125378739

① アメリカ・ワシントン州・シアトル
② Tracey Stover
③ タオ
④ 呼吸法講師　Breath Work Teacher
www.breathingmandala.com

① アメリカ・ワシントン州・シアトル
② Eriko Rowe
③ タオ
④ ジャーナリスト、著作家、バイオエネルギー・ヒーラー トレーナー、HNRトラウマ解消セラピスト
⑤ www.mindfulplanet.com
www.facebook.com/eriko.rowe
⑥ erikorowe@gmail.com
携帯：米国 1-206-718-8588

① アメリカ・北カリフォルニア・マウントシャスタ
② shastica
③ タオ
④ シャスタの植物による自然化粧品、地球に優しい自然な暮らしを提案
⑤ shastica.com
Instagram：shastica2020

① アメリカ・コロラド州
② 岡崎葉子
③ タオ・スターシード
④ 魂の学校　主宰
⑤ https://www.facebook.com/groups/2845161805759382
⑥ Facebook：Yoko Okazaki
Phone text：+1-512-888-3233
Email：yokoOkazaki@me.com

① アメリカ・ハワイ州・オアフ島・ホノルル
② M369（Mituho Miroku）
③ タオ
④ タオライアーで身体及び空間の浄化、アクセス・バーズ／脳内デトックス
⑤ http://m369m.jugem.jp/?pid=1
⑥ 369@i-v-net.com

① フィンランド
② Cosmichearttonebau 松田幸江
④ ライアーのオーダー制作
⑤ Instagram：yukie5150

① 香港
② Grace Chen
③ スターシード
④ Lemurian Emerald Temple/Love & Light in Harmony Sacred Sound
⑤ Instagram：graceshemaya
⑥ gracecxf1213@gmail.com

③ タオ・ミニタオ
④ 絵本の読み語り、イベント
⑤ Facebook & Insta：田川文代
⑥ 080-4745-0174

① 宮崎県
② かれん
③ タオ
④ ヒーリング
⑥ hikari.guruuvu@gmail.com

① 鹿児島県・屋久島町
② Mossターシャ　生出陽子
③ タオ・キンダー
④ 屋久島の自然の中で個人・グループセッション、瞑想、自由にライアーの音の中で過ごす旅
⑤ https://lasylfeed.wixsite.com/moss-tarsier
Instagram：mosstarsier
⑥ la.sylfeed@gmail.com

① 鹿児島県・霧島市
② 図師利恵
③ グランドルフィン・キンダー（21弦）
④ 意識医学®、ライアー調律療法、女性専門の波動調律療法・整体、リンパマッサージ・カウンセリングの統合療法
⑤ https://ameblo.jp/kirishima-ninpu-seitai/
⑥ 0995-45-8784（もりの治療院）

① 鹿児島県・霧島市
② 図師修
③ グランドルフィン・キンダー（21弦）
④ ライアー調律療法、ライアー瞑想、意識療法士認定講座、波動調律療法・整体、リンパマッサージ・カウンセリングの統合療法
⑤ https://morino184.com/
https://www.reservestock.jp/page/event_calendar/6328
⑥ 0995-45-8784（もりの治療院）

【沖縄】

① 沖縄県・中部エリア
② calm day Rumi
③ タオ
⑥ calmday432@gmail.com

① 沖縄県・那覇市
② 鈴間愛理
③ タオ
④ 児童デイサービス、理学療法、音楽療法
⑤ https://www.napokinawa.com/
⑥ 0989-88-3668（Atelier みるく首里）

① 沖縄県・久高島
② 外間幸代
③ タオ
④ ゲストハウスおかめや
ヨガ
⑤ kudakajima-okameya.jimdofree.com
⑥ 090-8795-0286

【海外】

① アメリカ・ワシントン州・シアトル
② ★Dave Merill
③ タオ・スターシード・ステラ・ミニタオ
④ 呼吸法講師　制作指導

あとがき

初めてライアーの音に触れてから18年
アンドレアス・レーマンが生み出したタオライアーを手にしてから
13年の月日が流れました。

音は真実しか伝えない
純粋な音は、光と同じ永遠のエネルギーを伝え
そのときに、不思議な力が働く。

その純粋な音を伝えるために
自分の意識をみつめ
思考からの判断と、魂が伝える叡智との違いを探り
ようやく自分を後回しにせずに

からだを大切にすることを学び
自分の在り様を研ぎ澄ませ
過去に捉われず、未来を憂うことなく
ほんの一瞬の現在《いま》という
針の先の点のような瞬間に留まる修練をし
音の真実を追求し続けてきた
この10余年の歩みを振り返りながら
私が実際に経験し、体感したことだけをここに綴りました。
それこそが、ソウルサウンドライアーの音の本質のようなものを
お伝えすることになると思ったからです。

私が、ライアーに出合えたのは奇跡。
そして、この一瞬を生きていることが奇跡。
このようにして、本書を通じて
お会いしたことのないみなさまにも
ソウルサウンドライアーのことをお伝えできるのが奇跡。

奇跡の連続を日常に感じるとき
すべては感謝にしかなりません。
いま、この瞬間、生かされていることへの
感謝の気持ちを込めて
筆をおきます。

2022年3月　雨の満月

謝辞

この本の出版に際し、私が私自身を生きる術を示してくださったホメオパシーの師、由井寅子さん、最初にライアーの音を響かせ、応援し続けてくださる池末みゆきさん、声の師、シルビア・ナカッチさん、からだの師、杉本錬堂さんをはじめとする数々の人生の師に心から感謝申し上げます。そしてソウルサウンドライアーを生み出し共に歩んでくれたアンドレアス・レーマン、このような出版の機会を下さった、出版社ヒカルランドの石井健資社長、編集の仲宗根悠作さん、出版のご縁をつないでくださった日本レムリアンハープ協会代表の秋吉まり子さんをはじめ、支えてくださる各地のオーガナイザーやソウルサウンドファミリーのみなさん、幻想的な写真で、一瞬の音を永遠に遺してくださった写真作家の桐野伴秋さん、衣装では虹の天使の河本華賀美さん、音源収録ではガリレオクラブの吉田一郎さんと朴京一さん、レッスン動画収録では芦刈純さん、校正とコラムでは錦織万里子さん、校正では金折享子さん、データ編集では林田美夏さんと金折実幸さんをはじめ、多くの方々のご縁とお力をお借りしました。ありがとうございます。最後に、私を母に選び、陰ながら導いてくれる娘の天音と私をこの地球に生み出してくれた両親、私が思い描いた体験をさせてくれる宇宙と見えない存在たちに、心からの感謝を捧げます。ありがとうございます。私は幸せです。

アカシャ

追記

本書に掲載したカラー写真は、四国の高知を拠点に活躍されている、写真作家・桐野伴秋氏の既存の作品と、本書のために撮り下ろしていただいた作品です。

ヒカルランドさんから「ライアーの本を出しましょう」というお話をいただいたとき、いったいどんな風に書いたらよいのか、わかりませんでしたが、なぜか、「高知に行けばわかる」という直感がありました。秋に、高知で行われた御神事に参列し、ライアーを奏上する予定があったのです。そこで出会ったのが、桐野氏でした。

帰路、桐野氏の写真集『地球 美の幻風景』を開いてみて、びっくりしました。「花宇宙」と題された写真から、タオライアーの音が響いてきたのです。これまで、映像や写真があると、かえって音に集中できないと思っていたのに、逆に写真から音が聴こえてくる相乗効果に驚きました。私がお伝えしたい「聴こえないけれど、響いている音」に耳を澄ませるのにこの写真がピッタリだと思ったのです。

すぐさま桐野氏にライアーの本に、写真集の作品を使わせていただけないかとお願いして、本書の冒頭で、音源と共にみなさんにご紹介することが可能となりました。『地球 美の幻風景』には、100年後の地球人へのメッセージとして、桐野氏が一瞬の美を切り取ったモン・サン・ミッシェルをはじめとする世界遺産、セドナや日本の自然風景、桜など110点にも及ぶ作品と共に、湧き出る想いが綴られています。感謝を込めてここにご紹介させていただきます。

Photo by KIRINO TOMOAKI

Andreas Marius Lehmann（アンドレアス・マリウス・レーマン）

ドイツ・ベルリンに生まれ、生粋のシュタイナー教育を受けて育つ。

キンダーハープという7弦のライアーの制作依頼を受けたことをきっかけに、ライアー制作をはじめて40年余り。誕生に関わったライアーは5000台以上。

ソウルサウンドライアーの創始者。

現在は、南ドイツにライアー工房「Marius Leierbau（マリウスライアーボウ）」を構え、ソウルサウンドライアーのオーダー制作をするほか、大地、木、水を癒し、地球を銀河系きっての響きの星に戻すことをライフワークとして活動している。

［公式ホームページ］ http://www.marius-leierbau.de/ja/

桐野伴秋（キリノ トモアキ） 写真提供・撮影・音源収録協力
高知県生まれ。写真作家、高知県観光特使。

1985年、コロムビアレコードより音楽デビュー。

その後、独学で写真を学び、独自の手法による世界観を追及。「一瞬の中に永遠を宿す」をテーマに、美しい地球の姿や日本の情景を後世に伝える活動を展開している。

ミラノ万博、多数の美術館で作品を発表。2013年キヤノン企業カレンダー世界版に起用。2020年より、山と溪谷社から『幻想の日本』作家カレンダー毎年発売。

写真集に『セドナ：奇跡の大地へ』『日本 美の幻風景』（共に講談社刊）、『地球 美の幻風景』（高知新聞社刊）がある。

［公式ホームページ］ https://www.kirinoworld.com

Akasha（アカシャ） 文・音・構成
京都府京田辺市にてスペースAkasha主宰。

音の振動をからだに伝えることを主目的にした、ソウルサウンドライアーに出会い、2009年から日本に紹介しはじめた。

音と声を通じた響き愛により、自他の隔たりのない、間違いのない世界を体験し、音の力の神髄を体感する「宇宙《そら》の音・地球《ほし》の声」ワークショップを全国各地で開催。

また、ソウルサウンドライアーを自ら生みだす「ライアー制作ワークショップ」を各地で開催。開催回数は、この10年でそれぞれ50回にも及ぶ。

これまでに、1000台以上のライアーの産声に立ち会った。

音と声の探究者。天と地、人と人をつなぐコーディネーター。通訳者・翻訳者・編集者・ホメオパス・呼吸法指導者でもある。

［公式ホームページ］ https://akashasong.com

魂《あなた》の音が聴こえる

ソウルサウンドライアーの響き

第一刷　2022年7月31日

著者　アカシャ
アンドレアス・レーマン
桐野伴秋

発行人　石井健資
発行所　株式会社ヒカルランド
〒162-0821　東京都新宿区津久戸町3-11　TH1ビル6F
電話　03-6265-0852　ファックス　03-6265-0853
http://www.hikaruland.co.jp　info@hikaruland.co.jp
振替　00180-8-496587
本文・カバー・製本　中央精版印刷株式会社
DTP　株式会社キャップス
編集担当　TakeCO／ソーネル

ISBN978-4-86742-125-3

各イベントの１ヶ月前頃に、神楽坂ヒカルランドみらくるのホームページにてご案内いたします。

◆８月27(土)・28(日)
・個人またはグループセッション
・会場：Hi-Ringo-Yah！（ヒカルランドパーク１階）

◆９月26日(月)・27日(火)
・グループセッション
・会場：奥飛騨ガーデンホテル焼岳（岐阜県）

◆10月１日(土)・２日(日)
・「宇宙の音・地球の声」ワークショップ
・会場：Hi-Ringo-Yah！（ヒカルランドパーク１階）

◆11月３日(木)～８日(火)
・「ライアー制作」ワークショップ
・会場：神楽坂ヒカルランドみらくる

※上記のイベントは、日程・内容等が変更となる場合がございます。詳細は、神楽坂ヒカルランドみらくるのホームページでご確認ください。

【お申込み／お問い合わせ】
神楽坂ヒカルランド　みらくる　Shopping & Healing
ホームページ：http://kagurazakamiracle.com/
メール：info@hikarulandmarket.com
TEL：03-5579-8948（営業時間 11：00～18：00）

ヒカルランド　好評既刊！

地上の星☆ヒカルランド　銀河より届く愛と叡智の宅配便

純正律の秘密1
カラダに良いサウンドとは？
著者：玉木宏樹
協力：純正律音楽研究会
四六ソフト　本体 1,800円+税

純正律の秘密2
カラダが喜ぶサウンドとは？
著者：玉木宏樹
協力：純正律音楽研究会
四六ソフト　本体 1,800円+税

聞こえない音のヒミツ
量子場音楽革命
著者：光一／HIRO Nakawaki
四六ソフト　本体 1,800円+税

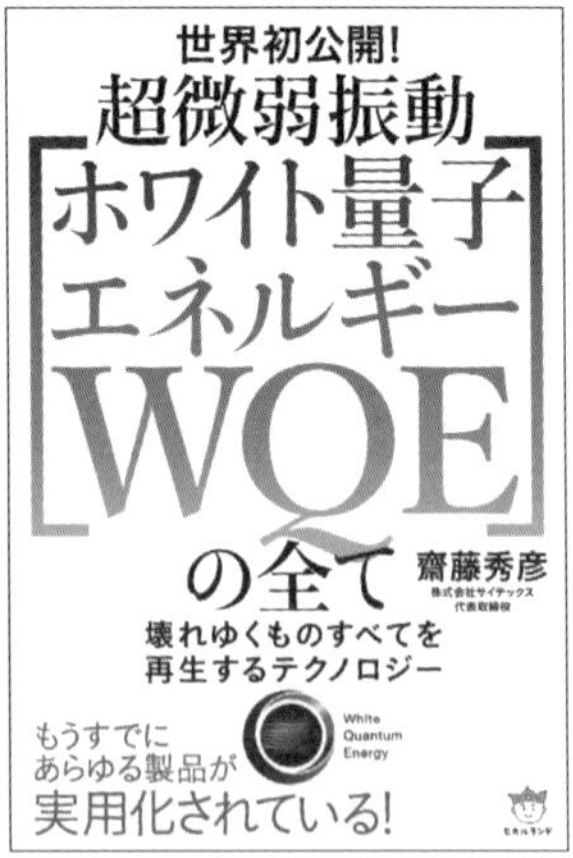

超微弱振動［ホワイト量子エネルギーWQE］の全て
著者：齋藤秀彦
四六ソフト　本体 2,000円+税

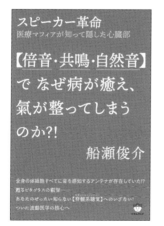

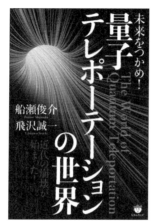

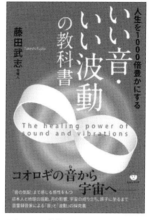

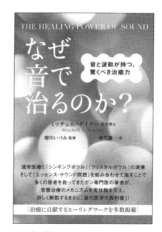